MELANIE PIGNITTER

Honigperlen

Warum dein Leben süßer ist,
als du denkst

MELANIE PIGNITTER

Honigperlen

Warum dein Leben süßer ist,
als du denkst

INHALT

1. EINLEITUNG: WIE ALLES BEGANN
    Ein Autounfall, verrückte Hühner und das Geschenk   8
    Routenplaner: Finde deine Honigperlen   16

2. SELBSTZWEIFEL: SONDERMÜLL IM KOPF
    Stacheldraht: Sprenge dir auferlegte Grenzen   25
    Niemals gut genug   33
    Anerkennungssucht: Ein Schrei nach Liebe   42

3. NARBEN: DIE SPUREN DER VERGANGENHEIT
    Glaubst du, was du denkst?   54
    Die wunden Punkte   59
    Wenn das innere Kind noch immer weint   66

4. SACKGASSE: KEIN WEITERKOMMEN
    Die Gewohnheitsfalle   76
    Wenn dir einfach nicht gelingt, was du willst   82
    Unerfüllte Erwartungen   88

5. GLITZERNDE MISTHAUFEN: KRISENGESCHENKE ALLER ART
    Trennung und Abschied: Wenn sich Lebenswege scheiden   102
    Stehaufmännchen: Warum Scheitern erfolgreich macht   110
    Wenn's in der Beziehung zum Geld kriselt   118
    Einsamkeit hat viele Facetten   131
    Wenn deine Zuneigung nicht erwidert wird   137

INHALT

Romantik-Baustellen	142
Mein Körper macht sein eigenes Ding	149
In der Sinnkrise	160

6. WARUM DEIN LEBEN SÜSSER IST, ALS DU DENKST

Achtsamkeit: Verliebe dich in dein Leben	170
Dankbarkeit: Die Quelle der Fülle	178
Bunte Träume: Die Geschichten in dir	182
Vergiss mich nicht!	188
Dank	189
Die Autorin	190
Impressum	192

Einleitung: Wie alles begann

EIN AUTOUNFALL, VERRÜCKTE HÜHNER UND DAS GESCHENK

Es krachte und schepperte. Mit vollem Karacho war mir soeben ein Mercedes-Benz in meinen nagelneuen Fiat 500 gefahren. Er hatte meinen kleinen, weißen Flitzer beim Ausparken einfach übersehen. Womöglich hätte ich jetzt heulen, hyperventilieren oder ausrasten müssen, aber ich tat nichts dergleichen. Stattdessen blickte ich erwartungsvoll auf den Beifahrersitz, wo meine Freundin Marina saß. Ihre Augen funkelten und ihre Lippen bildeten ein breites Lächeln. Plötzlich begannen wir beide, lautstark zu quieken. Ein Ausdruck unserer Freude. „Alles okay bei Ihnen?", fragte der Mercedes-Fahrer, bevor er mit seinem Reuekonzert begann: „Es tut mir so schrecklich leid – ich habe Sie übersehen. Ach Gott! Ihr Auto ist bestimmt neu. Was für ein Desaster!"

Als wir schließlich aus dem Wagen geklettert waren und vor ihm standen, hörte er plötzlich auf, sich zu entschuldigen. Mit skeptischem Blick begutachtete er unsere Gesichter, die noch immer erwartungsvoll strahlten. „Sind Sie etwa betrunken?", fragte er und sah dabei schon viel weniger reumütig aus. „Nein", sagte ich wahrheitsgemäß. „Aber warum freuen Sie sich dann augenscheinlich darüber, dass ich Ihr Auto demoliert habe?" Dem Mercedes-Fahrer habe ich an diesem Tag nicht erklärt, warum Marina und ich aufgrund eines Autounfalls vorfreudig auf ein Geschenk des Lebens warteten. Aber in diesem Buch will ich erzählen, was wir zwei verrückten Hühner bereits damals Großartiges ahnten.

EIN AUTOUNFALL, VERRÜCKTE HÜHNER UND DAS GESCHENK

Marina und mich verband schon in jungen Jahren eine Gemeinsamkeit: Wir wollten mehr vom Leben! Wir suchten nach dem großen Glück, ergreifender Liebe, tiefgründiger Erfüllung, wahrem Erfolg und nach einer unverschämten Lebenslust. Auf dieser Reise begleiteten uns Vorträge, Bücher, abenteuerliche Unternehmungen sowie inspirierende Menschen, die eine Idee davon hatten, mit welchen Werkzeugen des Lebens sich ein Meisterwerk gestalten lässt. Was wir dabei unter anderem lernten, waren Affirmationen, positiv formulierte Sätze. Täglich sagten wir uns diese vor. Auf Platz eins unserer Affirmations-Charts prangte damals der Satz „Alles geschieht zu meinem Besten". Daraus schlussfolgerten wir, dass sich hinter jedem Problem, jeder Krise und jedem unangenehmen Vorfall wie einem Autounfall ein Geschenk des Lebens verbergen musste. Wir waren einfach davon überzeugt, dass der Unfall sein Gutes haben musste.

Im Nachhinein betrachtet muss ich gestehen, dass genau das nicht immer so einfach ist, wie es klingt. Bei der Sache mit dem Autounfall war es aber dennoch so. Ich bekam vom Mercedes-Fahrer nicht nur die Reparatur erstattet, sondern fand durch ihn auch meinen absoluten Traumjob.

Später vergaß ich, wie viel Vertrauen ich dem Leben und seinen Problemen einst geschenkt hatte. Erst in der größten Krise meines Lebens in Gestalt einer Schmerzkrankheit fand ich dieses Geheimrezept wieder: den Glauben daran, dass sich hinter jedem Problem ein wertvolles Geschenk versteckt. Ein Geschenk des Lebens, das wir nur dann empfangen können, wenn wir lernen, es achtsam und liebevoll auszupacken. Wie das geht und wie man dabei unverschämt glücklich wird – und wie auch du damit loslegen kannst –, das möchte ich dir in diesem Buch verraten. Um deine Überzeugung für meine Problem-Geschenk-Theorie zu stärken, will ich vorab noch von der dunkelsten Zeit meines Lebens oder – anders gesagt – vom größten Geschenk erzählen, das mir bisher beschert wurde.

DIE GRÖSSTE KRISE MEINES LEBENS

An den ersten Tag meiner chronischen Erkrankung, für die 112 Ärzte und Alternativmediziner keinen Namen und keine Lösung hatten, kann ich mich nur noch vage erinnern. Umso besser sind mir die Tiefpunkte im Gedächtnis geblieben. Meine Verzweiflung, meine Todesängste und meine Hoffnungslosigkeit habe ich nach einiger Zeit nur noch meinem Tagebuch anvertraut. Einige dieser Einträge, die zeigen, wie unüberwindbar mein Problem erschien, teile ich hier mit dir.

Tagebucheintrag | 22.01.2016

Ich kann nicht mehr! Es ist der 201. Tag, den ich ohne eine schmerzfreie Sekunde erlebe. „Versuchen Sie, den Schmerz zu ignorieren", riet mir die Ärztin gestern. Aber wie bitte soll das funktionieren? Ich habe 24 Stunden täglich Migräne. Manchmal muss ich vor lauter Schmerz kotzen. Fast täglich überrollt mich eine Verzweiflung, die einen derartigen Heulkrampf auslöst, dass mein Körper bebt. Neulich kam es sogar so weit, dass ich keine Tränenflüssigkeit mehr hatte.

Ich kann mich auf nichts konzentrieren, nichts genießen, nicht klar denken und keine Freude mehr empfinden. Ich kann die normalsten Dinge wie Freunde treffen, kochen, sportln oder arbeiten einfach nicht mehr tun. Ich bin ein einziges Wrack. Ein Schmerzkörper ohne Leben. Denn dieser Schmerz hat mich, so, wie ich als Mensch einst war – lebensfroh, begeistert, weltoffen und voller Liebe –, einfach ausgelöscht.

EIN AUTOUNFALL, VERRÜCKTE HÜHNER UND DAS GESCHENK

Tagebucheintrag | 25.02.2016

Jeder Tag fühlt sich mittlerweile wie der Tiefpunkt meines Lebens an. Die Erinnerungen an den lebensfrohen Menschen, der ich vor knapp einem Jahr noch war, verschwimmen. Es erscheint mir manchmal so, als hätten diese 30 Jahre vor meiner Krankheit nicht existiert. Ich finde keine Worte dafür, was ich alles geben würde, um noch einmal ein paar Stunden von dieser Zeit erleben zu dürfen. Nur noch einmal schmerzfrei mit meiner Schwester Prosecco trinken, meinen Partner umarmen, mit meinen Neffen spielen, zur Arbeit gehen, das Meer sehen oder einschlafen. Ich würde alles dafür geben! Alles.

Tagebucheintrag | 13.03.2016

Wieder einmal habe ich heute einen Privatarzt aufgesucht. Die Hoffnung, dass er mir helfen kann, war derart groß, dass ich heute früh trotz des dröhnenden Kopfschmerzes mein abgedunkeltes Schlafzimmer verlassen, mir etwas Schönes angezogen und sogar etwas Rouge aufgelegt habe. Im Wartezimmer überkam mich dann beinahe eine Panikattacke bei dem Gedanken daran, dass mich dieser Arztbesuch womöglich wieder nicht weiterbringen würde.

Bereits sieben Minuten später machte ich erneut Bekanntschaft mit dem schwarzen Loch ohne Boden. Tränen überströmten mein Gesicht. Der als Koryphäe auf seinem Gebiet gehandelte Nervenarzt sagte mir, dass er keine Behandlungsidee für mich hätte und mich außerdem keinesfalls operieren würde, weil das Risiko, dass es mir nach der OP noch schlechter gehen würde als zuvor, sehr hoch sei. Verdammt! Noch schlechter? Es geht nicht mehr schlechter.

Tagebucheintrag | 09.05.2016

Es ist der Tag 302. Bald ist es vorbei. Es wird nicht mehr lange dauern, und dann ist es so weit. Mein leeres Bankkonto wird verhindern, dass ich mir neue Hoffnung durch Termine bei Ärzten, Schamanen, Energetikern, Naturheilkundlern, Homöopathen oder Wunderheilern erkaufe. Vielleicht ist das auch gut so, denn in Wahrheit habe ich die Hoffnung nach einer helfenden Hand schon längst aufgegeben.

Momentan macht mir außer dem bestialischen Schmerz nur eine Sache Sorgen. Es ist die aufkeimende Angst vor dem Sterben. Täglich schreie ich vor Schmerzen. Manchmal tonlos, weil ich keine Kraft mehr habe. Es ist, als würde ich ständig verprügelt. Und immer öfter gesellt sich dazu eine Angst, die leise flüstert: „Diesen Schmerz kann kein Mensch ertragen. Dein Körper wird bald aufgeben."

HONIGPERLEN – DA SIND SIE!

Doch meine Geschichte ging weiter. Im Mai 2016 raffte ich mich dazu auf, meine Ausbildung zur Diplom-Mentaltrainerin zu vollenden. Meine Diplomarbeit widmete ich dem Thema „Schmerz, lass nach – mentale Wege zur Linderung und Heilung von chronischen Schmerzen". Die Beschäftigung mit der Mentallehre erweckte beinahe vergessenes Wissen rund um die positive Psychologie sowie die Macht der Selbstliebe in mir. Jahre zuvor hatte ich bereits einige Coaching-Ausbildungen in diesem Bereich absolviert. Aus diesem Topf an Wissen kreierte ich schließlich meine eigenen mentalen Techniken gegen den Schmerz und setzte diese tagtäglich ein. Und nach einigen Monaten ließ der Schmerz tatsächlich nach. Ab und an lächelte ich sogar wieder. Aber von Schmerzfreiheit und Lebensfreude war noch keine Spur zu erkennen.

Eines Morgens schlug ich die Zeitung auf. Ich stieß auf einen interessanten Artikel. Er handelte von einem 26-jährigen Model, das an Brustkrebs erkrankt war. Die Headline des Beitrages ließ meinen Atem für ein paar Sekunden stocken: „Das Leben hat mir den Brustkrebs geschenkt". Im Interview erzählte die junge Frau davon, wie sie zwei Jahre ihres Lebens gegen den Krebs gekämpft hatte. Am Ende gewann sie den Kampf, verlor allerdings ihre rechte Brust. Dennoch sah sie ihren Schicksalsschlag als Wegweiser und wollte nun Frauen auf der ganzen Welt, die durch äußerliche Makel oder Narben gezeichnet waren, dazu motivieren, sich wunderschön und liebenswert zu fühlen.

In den folgenden Wochen durchsuchte ich das Internet nach weiteren Berichten dieser Art. Überall auf der Welt gab es Menschen, denen das Leben eine Katastrophe, einen Schicksalsschlag oder ein riesiges Problem beschert hatte, das sich im Nachhinein als Geschenk entpuppte. Und so war es wenig verwunderlich, dass auch ich nach einiger Zeit wagte, danach zu fragen, welches Geschenk mein bestialischer Schmerz mir wohl machen wollte. Die bloße Idee, dass mein Schmerz ein Geschenk, ein Wegweiser oder ein Beschützer sein könnte, brachte mir meine Hoffnung und meinen Lebensmut zurück.

Am 29. August 2016 war es dann so weit. Ich bereitete gerade mein Frühstück zu. Da die Müslipackung leer war, griff ich an diesem Tag zu Butter, Brot und Honig. Während ich den Honig auf das Knäckebrot schmierte, summte ich vor mich hin. Da lösten sich ein paar Honigtropfen und bekleckerten den Tisch. Ich nahm einen Schwamm zur Hand und wollte das Malheur sogleich beseitigen. Aber da sah ich sie plötzlich – diese bezaubernd schönen Honigperlen – extra für mich! In Wahrheit waren diese Honigperlen der Beweis dafür, dass alle Ungeschicke, Krisen, Dramen und Schicksalsschläge große Geschenke sein können – wenn man es nur wagt, genau hinzusehen, in sich hineinzuhören und die Zeichen zu erkennen, und anschließend auch danach handelt.

> *„Honigperlen sind Geschenke des Lebens,*
> *die aussehen wie Malheure."*
>
> Melanie

Ich begann noch am selben Tag zu schreiben und habe seitdem nicht wieder damit aufgehört. Auf meinem Lebensfreude-Blog, den ich honigperlen.at taufte, teile ich seither mein mentales Wissen rund um all das, was uns im Alltag, in der Krise, in der Liebe, im Beruf, in der Familie und im Leben berührt. Mehr als vier Millionen Mal wurde mein Blog mittlerweile besucht. Honigperlen.at war das erste Geschenk meiner Krise, das ich enttarnen konnte. Aber es folgten noch viele weitere. Eines davon hältst du gerade in Händen. Ich träume seit meiner Jugend davon, Autorin zu werden. Mittlerweile darf ich mein mentales Wissen auch auf Vorträgen, in Lehrgängen und auf Kongressen teilen. Ich hätte es nie für möglich gehalten, dass es Aufgaben gibt, die mich so sehr mit Freude, Stolz und Leidenschaft erfüllen. Meine Krankheit führte mich also zu meiner Herzensaufgabe, dem Mentaltraining, und zu meiner großen Leidenschaft, dem Schreiben.

KRISENGESCHENKE SIND ZUM AUSPACKEN DA

Die wohl größte Honigperle, die mir diese Krise schenkte, ist meine wiedergewonnene Gesundheit. Obwohl knapp 100 Ärzte meinten, ich würde nie wieder eine schmerzfreie Stunde erleben, geschah dieses medizinische Wunder trotzdem. Zwar leide ich auch heute noch ab und zu an Kopfschmerzen, aber mein Schmerz ist längst kein qualvoller Begleiter mehr, sondern ein Freund, der mich dabei unterstützt, auch mental gesund zu bleiben. Denn der Schmerz kam nicht nur deshalb in mein Leben, um mir meine Berufung aufzuzeigen. Er befreite mich auch von all dem Müll, der meine Seele bereits in den Jahren vor der Erkrankung belastet hatte. Ich lernte meine Schattenseiten und mein entblößtes innerstes Wesen kennen. Und genau diese abgrundtiefe Erfahrung öffnete mir in vielen Bereichen die Augen. Heute bin ich wieder ich. Aber ich lebe anders als vor meiner Krankheit: besser, liebevoller, verrückter, achtsamer, aufrichtiger, intensiver, intuitiver, gelassener, spontaner, selbstbewusster, leichter und frecher.

Mein heute so sonniges Leben ist nicht nur das Resultat eines einzigen Problems. Nein, natürlich habe ich, vermutlich genauso wie du, jede Menge davon. Und das ist gut so. Denn ich bin zutiefst davon überzeugt, dass die Honigperlen-Theorie auf jeden Lebensbereich anwendbar ist. Für dieses Buch habe ich Probleme, Krisen, Katastrophen, Dramen, Teufelskreise, Sackgassen, Kränkungen, Muster und Stolpersteine des Lebens gesammelt, mit denen die meisten von uns früher oder später konfrontiert werden. Ich will auch dich dazu inspirieren, es zu wagen, deine Probleme auszupacken. Denn nur dann kannst du ihnen in die Augen sehen und so erfragen und erfühlen, welchen Weg, welche Botschaft, welche Erkenntnis, welche Überraschung oder sonstigen Geschenke des Lebens sie dir bringen möchten, und dabei erstaunt feststellen, dass dein Leben süßer ist, als du bisher gedacht hast.

Entdecke das Gute im Schlechten, die Sonnenseite im Schattenspiel, den Gewinn im Verlust, das Schöne im Hässlichen, das Grenzenlose in der Gefangenschaft, das Geschenk des Problems und die Honigperlen deines Lebens!

ROUTENPLANER: FINDE DEINE HONIGPERLEN

TIPPS VOR DEM REISESTART

In diesem Buch geht es um dich und um die Verwandlung deiner Probleme, Krisen und sonstigen Angelegenheiten mit Katastrophentendenz, die dich bisher davon abgehalten haben, dein Glück mit beiden Armen zu umfassen. Damit nun endlich Schluss ist mit dem bitteren Beigeschmack, unterstützt dich diese Lektüre dabei, jede Menge Honigperlen zu erschaffen, die dein Leben maßgeblich versüßen. Ein Überblick und ein paar konkrete Tipps vorab steigern den Erfolgs- und Spaßfaktor auf deiner Lese- und Erlebnisreise.

Die Honigperlen-Reise, die ich dir in diesem Buch anbiete, ist eine freie Inspirationstour. Obwohl es Sinn macht, die Kapitelreihenfolge einzuhalten, ist es auch möglich, einfach auf deine Intuition zu vertrauen und jene Kapitel vorzuziehen, die dich am meisten ansprechen. Am Ende jedes Kapitels gibt es eine „Honigperle to go" für dich. Das ist eine Übung, die du dir in den Alltag mitnehmen kannst, eine Methode, mit der du an deinen Wünschen arbeiten kannst, eine Inspiration oder ein Fragenkatalog, der dich mit Erkenntnissen beschenkt. Meine „Honigperlen to go" sind als Impulse zu verstehen. Es widerstrebt mir, Menschen kluge Tipps zu geben, da ich davon überzeugt bin, dass jeder Mensch selbst der Experte für das Glück seines Lebens ist. Schließlich kennt dich niemand so gut wie du dich selbst. Und genau deshalb liegen alle Antworten und Lösungen, die du für die Fülle in deinem

Die Honigperlen-Reise,

die wir gemeinsam

unternehmen, ist ein

wunderbares Abenteuer,

das jede Menge

Überraschungen für dich

und dein Leben parat hält.

MELANIE

Leben brauchst, bereits in dir. Ich sehe mich als Reisebegleiterin und stelle dir das notwendige Equipment für deine Tour zur Verfügung, das dich unterstützt, die Honigperlen deines Lebens schneller zu finden. Weil du der Experte auf dieser Reise bist, obliegt es dir, aus der Vielzahl der „Honigperlen to go"-Methoden jene auszuwählen, die für dich stimmig sind.

So viel sei aber gesagt: Die Honigperlen-Reise, die wir mit diesem Buch gemeinsam unternehmen, ist kein Pensionistenausflug, bei dem du dich gemütlich zurücklehnen und berieseln lassen kannst. Nein, es handelt sich dabei vielmehr um ein Abenteuer, das jede Menge Überraschungen für dich und dein Leben parat hält. Wichtig dabei ist, dass du bereit bist für Action. Klapp dieses Buch am Ende eines Kapitels nicht einfach zu, sondern erwecke deine Honigperlen-Geschenke zum Leben, indem du das Gelesene ausprobierst. Ein Leben voller Glanz und Freude entsteht nicht bloß durch gute Gedanken und durch Wissen. Dazu braucht es vor allem dich und dein Tun. Aber Vorsicht: Weniger ist oft mehr. Du musst nicht jede Übung in die Praxis umsetzen. Vertraue bei der Auswahl am besten deiner Intuition, verwechsle sie jedoch nicht mit dem inneren Schweinehund. Da wir dazu neigen, neu Erlerntes nach 72 Stunden zum großen Teil wieder zu vergessen, und dabei nicht selten die Begeisterung verlieren, bewähren sich kleine gelbe Post-its, damit du deine Honigperlen-Highlights später schneller wiederfindest.

EINE PORTION VERTRAUEN FÜR DEINE REISE

Vielleicht zweifelst du aktuell noch daran, dass die Probleme deines Lebens tatsächlich Honigperlen-Geschenke sind. Dann lies am besten diese Geschichte und hol dir noch eine Portion Vertrauen für deine Reise.

Es war einmal eine Prinzessin. Sie war der Stolz des Königs

und jeder wollte nur ihr Bestes. Und so sorgte man dafür, dass diese Prinzessin nie ein Problem hatte. Im Palast gab es ein elfköpfiges Team, das dafür zuständig war, jedes Problem und jede sich anbahnende Krise frühzeitig zu entdecken und aus der Welt zu schaffen. So führte die Prinzessin ein Leben ohne jegliche Probleme, und man las ihr alle Wünsche von den Augen ab, noch bevor sie sie aussprach.

Eines Tages begegnete die Prinzessin einem Reisenden. „Guten Tag, Majestät. Ich bewundere Sie sehr. Es muss unvorstellbar schön sein, keine Probleme zu haben", sagte er. Die Prinzessin musterte den Reisenden interessiert, bevor sie Vertrauen fasste und ihm offenbarte: „Ja, da haben Sie recht – so mag es erscheinen. Bedenken Sie aber bitte, dass ein Leben ohne Probleme einem Ozean ohne Lebewesen gleicht. Zwar birgt mein Leben keine Gefahren, aber es existieren auch keine Abenteuer, Überraschungen oder Herausforderungen. Noch nie habe ich die Erfahrung gemacht, eine Hürde selbst zu meistern, weshalb ich das Gefühl von Selbstvertrauen nicht kenne. Noch nie hat mein Herz vor Stolz geschlagen, weil ich mich verbessert oder weiterentwickelt habe, um ein Problem zu überwinden. Noch nie hat sich mein Leben gravierend verändert, weil es durch die fehlenden Krisen keine Notwendigkeit dafür gab. Noch nie hatte ich das Gefühl der unendlichen Dankbarkeit, weil ich keine negativen Erfahrungen gemacht habe, die mir gezeigt haben, wofür ich dankbar sein soll. Noch nie hatte ich Glückstränen in den Augen, wenn mir einer meiner Wünsche erfüllt wurde, weil ich das Gefühl der Sehnsucht nicht kenne. Noch nie …" – „Aber Majestät, dann haben Sie doch ein Problem", unterbrach sie der Reisende. Und da geschah es – eine Glücksträne kullerte über die Wange der Prinzessin. „Wie schön, ich habe ein Problem!", sagte sie.

Also gut, los geht's! Lass uns Honigperlen produzieren!

Selbstzweifel: Sondermüll im Kopf

Ich war etwa neun Jahre alt, als das erste Selbstzweifel-Desaster mein Leben kreuzte. Ich wurde dazu auserwählt, auf der Schulweihnachtsfeier ein zwölfzeiliges Gedicht aufzusagen. Obwohl ich mir jedes Wort penibelst eingeprägt hatte, brachte ich bei meinem großen Auftritt kein Wort heraus. Ich verfiel in eine Schockstarre und blickte voller Angst auf all die Schüler und Eltern, die sich im Festsaal versammelt hatten und ungeduldig darauf warteten, dass ich endlich meinen Mund öffnete. Nach fünf Minuten, die mir vorkamen wie eine Ewigkeit, beendete eine Lehrerin das Debakel und holte mich von der Bühne, um anschließend mit mir den Saal zu verlassen. Im Flur angekommen, erteilte sie mir eine verbale Tracht Prügel. „Man hätte dir dieses Gedicht niemals übertragen sollen. Du hast die ganze Schule blamiert. Wie kann man bloß so faul und undiszipliniert sein und sich nicht auf seinen Auftritt vorbereiten? Und dann besitzt du auch noch die Frechheit, dich trotzdem auf die Bühne zu stellen!"

Bis heute habe ich dieses Erlebnis nicht vergessen. Lange habe ich mich gefragt, warum ich damals kein Wort herausbrachte, obwohl ich das Gedicht sehr wohl auswendig konnte. Heute weiß ich es. Das Selbstzweifel-Desaster zeichnete sich bereits einige Tage vor den Feierlichkeiten ab. „Was ist, wenn die Leute meine Stimme blöd finden? Was ist, wenn sie mich auslachen, weil ich mich verspreche? Was, wenn jemand mit dem Finger auf mich zeigt, weil ich nicht so zierlich und hübsch wie die anderen Mädchen bin? Was, wenn ich plötzlich alles, was ich gelernt habe, vergesse?" Diese Fragen quälten mich immer und immer wieder. Und so war es wenig verwunderlich, dass meine Selbstzweifel den Auftritt sabotierten und sich meine negativen Befürchtungen bewahrheiteten. Schließlich hatte ich den Zweifeln all meine

Aufmerksamkeit geschenkt, während ich mich kein einziges Mal damit beschäftigt hatte, dass ich vielleicht gut genug war, diese Herausforderung mit Bravour zu meistern.

Bei dieser kleinen Anekdote ist es nicht geblieben. Überall, wo ich hinsah, waren sie: große, scheinbar unüberwindbare Selbstzweifel. Dieses Verhalten oder – besser gesagt – diese extreme Form des Selbstzweifel-Virus zog sich bis zum jungen Erwachsenenalter durch mein ganzes Leben. Ich zweifelte an meiner Intelligenz, an meiner Liebenswürdigkeit, an meinem Aussehen – vor allem an meinem dicken Hintern –, an meiner Kommunikationsfähigkeit, daran, ein guter Mensch zu sein, und an vielem mehr.

All diese Selbstzweifel sabotierten mein Leben im wahrsten Sinne des Wortes. Jetzt fragst du dich vielleicht, was gut daran sein soll, derart viele Selbstzweifel zu haben. Dazu überspringe ich nun einen großen Teil der Geschichte und erzähle dir davon, was mir vor nunmehr drei Monaten widerfahren ist. Ein renommiertes Unternehmen kam auf mich zu. Im Rahmen einer Frauenveranstaltung suchten sie eine Keynote-Speakerin, die über das Thema „Selbstvertrauen im Beruf" einen 45-minütigen Vortrag vor etwa 900 Gästen halten sollte. Ich nahm diesen Auftrag mit Freude an. Klar hatte ich ein wenig Lampenfieber, aber ich wusste vom ersten Moment an, dass ich mein Publikum begeistern und berühren würde. Nach 47 Minuten verließ ich unter tosendem Applaus die Bühne.

Wäre ich nicht ein Kind der Selbstzweifel gewesen und hätten diese nicht mein Leben so stark sabotiert, wäre es nie zu diesem Moment gekommen. Davon bin ich zutiefst überzeugt. Warum? Jemand, der mit einem überdurchschnittlichen Selbstvertrauen aufwächst, hat niemals die Notwendigkeit, sich mit den Ursprüngen seiner Zweifel auseinanderzusetzen. Wenn er doch hie und da einen Zweifel

hegt, verwirft er ihn und fokussiert sich auf einen anderen Lebensbereich, der ihm besser liegt. Dementsprechend lernt er sich vermutlich niemals so gut selbst kennen wie ein Mensch mit vielen Selbstzweifeln, der sich bewusst dazu entscheidet, den Ursachen seiner Zweifel auf die Schliche zu kommen. Ein Mensch mit angeborenem Selbstvertrauen hat es nicht unbedingt nötig, den Weg der absoluten Selbstehrlichkeit zu gehen. Er muss nicht zwingend reflektiert und empathisch sein, um sein Leben zu meistern. Er wird wohl auch kaum zu Büchern wie diesem greifen oder Vorträge besuchen, die sein mentales Wissen auf Vordermann bringen und ihm die Kraft seiner eigenen Gedanken und Gefühle aufzeigen. Und so lebt er dann vielleicht ein (mäßig) gutes Leben, entdeckt aber in vielen Fällen nicht den unglaublichen Honigperlen-Glanz seiner Probleme, das großartige Potenzial, das sich in der Tiefe seines Inneren versteckt, sowie die Formeln für die Erfüllung seiner wahren Herzenswünsche.

Unzählige erfolgreiche Menschen bestätigen diese These. Denke an all jene, die du für ihr Lebenswerk bewunderst. War ihr Leben ein Spaziergang oder haben sie in der Vergangenheit häufig mit sich selbst gerungen? Ich begeistere mich seit Jahren für Menschen, die große Krisen und Probleme bewältigt haben. Bei meinen Recherchen für dieses Buch habe ich festgestellt, dass fast jeder von ihnen seine ganz eigene Selbstzweifel-Vergangenheit hat. Deshalb bin ich überzeugt davon, dass auch deine Zweifel, mögen es nun wenige oder viele sein, Geschenke für dich parat halten. Wie man diese Selbstzweifel, die ich gerne als „Sondermüll im Kopf" bezeichne, in den unterschiedlichsten Lebensbereichen ein für alle Mal auflösen kann und dabei wertvolle Honigperlen-Erkenntnisse in Empfang nimmt, das erzähle ich dir in den folgenden Kapiteln.

STACHELDRAHT: SPRENGE DIR AUFERLEGTE GRENZEN

Der Ursprung vieler unserer Selbstzweifel findet sich in der Vergangenheit. Das wurde mir einmal mehr bewusst, als mir Safiya, die Inhaberin meines Lieblingsrestaurants, neulich ihre Geschichte erzählte. „Grenzen existieren nur in unseren Köpfen", sagte sie, und mir stockte in Anbetracht ihres Lebensweges der Atem. Die heute 44-Jährige wurde in Altgriechenland in der Nähe der syrischen Grenze geboren und lebt seit ihrem 16. Lebensjahr in Österreich.

Als sie nach Österreich kam, hatte sie gerade einmal einen Volksschulabschluss. Gemeinsam mit ihren sieben Geschwistern, fünf Mädchen und einem Burschen, wuchs sie auf einem Bauernhof auf. Weil sie nicht mobil waren, war es der Familie nicht möglich, alle Kinder in die Schule zu schicken. Safiya lernte also weder Lesen und Schreiben noch Rechnen. Und dennoch hat Safiya es geschafft, all die Grenzen ihrer Vergangenheit zu überwinden, und betreibt heute drei erfolgreiche Lokale.

„Immer wieder musste ich die Begrenzungen in meinem Kopf, die mir sagten: ‚Das kannst du nicht', ‚Dazu hast du nicht die Fähigkeiten', ‚Das ist einfach nicht möglich' oder ‚Das schaffst du nie', überschreiten", erzählte sie mir. Beeindruckt von ihren Worten, erinnerte auch ich mich an meine früheren Grenzen. Für mich wurde Safiya zum Vorbild dafür, wie man es mit ständigem Üben und dem Glauben an sich selbst auch bei schlechten Startbedingungen schaffen kann.

Da es vielen von uns, zumindest was die Bildungsmöglichkeiten betrifft, in der Vergangenheit besser als Safiya erging, stellt sich dir vielleicht jetzt die Frage „Warum überhaupt Grenzen in unseren Köpfen überschreiten?". Grenzen, die sich über viele Jahre eingebrannt haben, zu durchbrechen, ist schließlich kein Spaziergang, sondern vielmehr ein kontinuierlicher Kraftakt. Ist es überhaupt erforderlich, dass wir uns das antun? Ich denke ja! Zumindest sollten wir uns unserer Begrenzungen bewusst werden, damit wir frei entscheiden können, ob wir diese behalten oder aufbrechen möchten. Wenn wir uns dazu entschließen, übernommene Grenzen hinter uns zu lassen, eröffnet sich dadurch eine neue Welt, in der vieles, das uns heute noch unerreichbar erscheint, plötzlich möglich ist. Glaubenssätze wie „Das geht nicht", „Dazu werde ich niemals in der Lage sein", „Dieses Glück ist nur anderen vorbehalten", „Das kann ich nicht mehr erreichen" oder „Dieser Traum ist zu groß" gehören dann der Vergangenheit an. Es ist niemals zu spät, derartige innere Hürden zu überwinden.

> *Die mentalen Methoden,*
> *mit denen sich Grenzen sprengen lassen,*
> *kennen keine Altersgrenze.*
>
> Melanie

Wir Menschen besitzen die Fähigkeit, in jedem Lebensalter bewusst neue Glaubenswege einzuschlagen. Vorher ist es wichtig zu erfahren, wie und wodurch begrenzende Glaubenssätze, die fortwährend einen negativen Einfluss auf unser Leben hatten und haben, einst entstanden sind. Denn Bewusstsein gibt uns die Chance, etwas zu verändern. Deshalb sehen wir uns die drei häufigsten Quellen für Begrenzungen in unserem Denken nun genauer an.

1. GRENZEN, DIE UNS IN DER KINDHEIT AUFERLEGT WURDEN

Die Umgebung, in der wir aufgewachsen sind, die Kultur und die Sitten, die wir kennengelernt haben, unsere Familie und die Erziehung, die wir genossen haben, sind maßgeblich für unser Grenzdenken mitverantwortlich. Als Kind glaubt man seinen Eltern und Lehrern nicht nur alles, was sie einem vermitteln, sondern man geht auch davon aus, dass ihr Leben der Spiegel der Welt ist. All das, was sie uns nicht zeigten oder lehrten, lag außerhalb unseres kindlichen Radius. Dabei hatten unsere Eltern, Großeltern, Betreuer und Lehrer natürlich meist keinerlei böse Absicht. Schließlich gaben sie uns bloß das weiter, was ihnen selbst im Leben beigebracht worden war. Häufig aber handelte es sich dabei um Überzeugungen, die uns glauben machten, dass uns auf dieser Welt nicht alle Türen offen stehen, sondern dass uns aufgrund unserer Herkunft, unserer Familie und unserer Gene bestimmte Türen für immer verwehrt bleiben. Sind wir erwachsen, haben sich diese Grenzen derart gefestigt, dass wir gar nicht weiter darüber nachdenken oder sie infrage stellen.

Ein Beispiel: Ein Junge wächst in einer Arbeiterfamilie auf dem Land auf. Von seinem Umfeld erhält er selektierte Informationen über das Leben. Dadurch existieren Optionen wie ein Studium, ein Auslandsjahr, Reichtum und vieles mehr in seinem Kopf gar nicht. Ähnlich ergeht es den meisten von uns – bloß, dass die uns auferlegten Grenzen völlig unterschiedlicher Natur sind.

2. IN DER SCHULE ERLERNTE GRENZEN

Jedes Kind kommt als Lebenskünstler auf unsere Welt. Es hat kunterbunte Ideen, eine blühende Fantasie, in den Augen Erwachsener völlig befremdlich erscheinende Sichtweisen und einen grenzenlosen Einfallsreichtum. Aus einem einfachen Wohnzimmer kann es in seiner Vorstellung beispielsweise ein faszinierendes Abenteuerschiff machen. Kinder haben große Träume, die von uns Erwachsenen oft nachsichtig belächelt werden. Und sie haben keine Angst vor Fehlern oder davor, irgendwelche Anforderungen nicht zu erfüllen.

Wird dieser kleine Lebenskünstler älter, so ändert sich das schnell. Kaum ist das Kind in der Schule, werden ihm gewisse Flausen ausgetrieben. Es macht schon bald Bekanntschaft mit Erwartungen, Anforderungen und dem „Fehlersystem". Fehler, so wird es uns beigebracht, sind etwas Schlechtes, etwas, für das wir uns schämen müssen. Das führt dazu, dass wir versuchen, Fehler tunlichst zu vermeiden. Wir lassen die kindliche Neugierde, unsere Kreativität und den Drang, Neues auszuprobieren, deshalb oft hinter uns und erschaffen Begrenzungen.

3. GRENZEN FESTIGEN SICH DURCH UNSEREN GLAUBEN

Im jungen Erwachsenenleben sind die meisten damit beschäftigt, den Erfordernissen der Gesellschaft sowie neuen Aufgaben gerecht zu werden. Nur die wenigsten beschäftigen sich mit der Vergangenheit und den Grenzen, die ihnen einst auferlegt wurden.

Stattdessen übernehmen wir den Glauben an bestimmte Grenzen, ohne sie zu hinterfragen. Und dieser Glaube setzt sich im Verlauf der Jahre immer mehr fest. Wenn man dann beispielsweise zu einer 35-jährigen Frau sagt, sie könnte bestimmt eine großartige Autorin werden oder sie habe das Zeug zur Künstlerin, schüttelt diese nach Jahren des Grenzdenkens nur verwundert den Kopf. Zu oft hat sie unbewusst ihre eigenen Grenzen gedanklich nachgezeichnet.

Nun kennen wir die Ursachen so mancher Grenzen, die uns neue und oft bessere Wege versperren. Aber nennen wir diese Grenzen doch mal beim Namen, damit auch du klar erkennst, welche dich aktuell noch in deiner Freiheit beschränken. Denk nun bitte an einen überdimensional großen Wunsch. Etwas, das du aktuell noch für nicht möglich hältst, wie Reichtum, völlige Gesundheit, überdurchschnittlicher Erfolg oder eine große Liebesgeschichte, wie sie im Buche steht. Je konkreter dein Wunsch ist, desto besser. Markiere nun all jene Phrasen, von denen du glaubst, dass sie auf dich zutreffen.

- Dafür bin ich nicht klug genug.
- Dafür weiß ich zu wenig.
- Dafür bin ich nicht gebildet genug.
- Dafür habe ich nicht die Fähigkeiten oder das Talent.
- Dafür bin ich nicht anerkannt oder wichtig genug.
- Dazu fehlt mir das Selbstvertrauen.
- Dazu glaube ich zu wenig an mich selbst.
- Das ist für jemanden wie mich nicht möglich.
- Reichtum ist anderen vorbehalten.
- Das schaffen nur andere.
- Dieses Glück haben nur andere.
- Dazu bin ich nicht kreativ genug.
- Dazu kann ich zu wenig.
- Das ist einfach nicht möglich.
- Dafür habe ich nicht die richtigen Voraussetzungen.

Treffen ein paar Sätze auf dich zu? Dann sollten wir uns jetzt die alles entscheidende Frage stellen: Warum schaffen es manche Menschen trotzdem, scheinbar unüberwindbare Grenzen zu durchbrechen?

Obwohl diese Grenzen in unseren Köpfen sehr mächtig sind, gibt es immer wieder Menschen wie Safiya, die sich darüber hinwegsetzen. Solche Beispiele rütteln an unserem gefestigten Glauben und spenden Mut. Sie können uns dabei unterstützen oder sogar dafür ausschlaggebend sein, dass wir beginnen, unsere eigenen Grenzen zu hinterfragen. Der Mensch denkt immer, etwas sei unmöglich, bis ein anderer – ihm sehr ähnlicher Mensch – es möglich werden lässt. Dabei denke ich gern an das Beispiel mit dem 100-Meter-Lauf-Rekord: Bis zum 20. Juni 1968 galt es als unmöglich, eine Laufstrecke von 100 Metern unter zehn Sekunden zu laufen. Dann aber kam James Ray und tat es einfach. Seither haben zig Läufer es ihm gleichgetan.

> *Das Überwinden persönlicher Grenzen,*
> *die dir einst auferlegt wurden,*
> *ist vor allem eine mentale Angelegenheit.*
>
> Melanie

Damit ist bewiesen, dass das Aufbrechen persönlicher Grenzen, die dir einst auferlegt wurden, vor allem eine mentale Angelegenheit ist. Und dafür habe ich dir eine Honigperlen-to-go-Übung mitgebracht, die dich dabei unterstützen kann, deine Begrenzungen ein für alle Mal zu sprengen.

HONIGPERLEN TO GO
Grenzen endlich niederreißen
Diese Anleitung liefert dir zum einen Hinweise darauf, wo deine Grenzen liegen. Zum anderen liefert sie dir Ideen, die dir dabei helfen, Schritt für Schritt grenzenloser zu werden.

STACHELDRAHT: SPRENGE DIR AUFERLEGTE GRENZEN

1. Wo liegen deine Grenzen?
- Stelle dir folgende Frage und schreibe deine Antworten nieder: Wenn du als völlig neuer Mensch – frei von deiner Geschichte – auf diese Welt kommen würdest, was würdest du dann machen?
- Liegen deine Antworten außerhalb deiner aktuellen Grenzen? Wenn ja, dann sind es eben nicht deine Grenzen, sondern jene, die dir im Verlauf des Lebens von anderen auferlegt wurden.
- Frage dich auch, wodurch oder von wem diese Grenzen errichtet wurden. Anschließend hinterfragst du mit deinem Erwachsenenselbst, ob diese Grenzen heute tatsächlich noch für dich gelten sollten. Falls nicht, so wiederhole deine Feststellung mehrere Tage, idealerweise drei Wochen, immer wieder laut oder in Gedanken.

2. Angst vor Fehlern
- Um Grenzen in deinem Kopf zu sprengen, musst du die Angst vor Fehlern loslassen. Fehler gehören zum Leben einfach dazu. Sie sind etwas Gutes, stehen für Erfahrungen und Verbesserung. Wer keine Fehler macht, der macht auch sonst nichts!
- Mind Change: Liste alle Fehler, die du im Leben gemacht hast, auf und versuche, das Positive in ihnen zu entdecken. Was hast du aus deinen Fehlern gelernt? Wozu waren sie gut? Welches Geschenk haben sie dir vielleicht sogar beschert? Warum bereust du bestimmte Fehler nicht?
- Mit jedem positiven Aspekt, den du bei einem deiner Fehler findest, schärfst du dein Bewusstsein dafür, dass Fehler auch ihr Gutes haben. Diese Erkenntnisse wiederum prägen sich in dein Unterbewusstsein ein, und die Angst vor Fehlern nimmt langfristig ab.

3. Welche Grenze kannst DU jetzt durchbrechen?

- Denke an James Ray, der das Unmögliche möglich gemacht hat. Suche dir ein Idol. Einen Menschen, der ähnliche Grenzen hatte wie du, es aber geschafft hat, diese zu durchbrechen.
- Eine Vielzahl an Inspirationen dazu findest du online. Immer mehr Lebenskünstler veröffentlichen ihre Geschichten, um andere mit ihrem Mut anzustecken.
- Wenn du deine Inspirationsquelle gefunden hast, erforsche so konkret wie möglich, wie dein Idol ans Ziel gekommen ist. Frage dich: Welche Erkenntnisse gingen der Veränderung voraus? Wie hat sie/er es geschafft durchzuhalten? Welche praktischen Methoden hat sie/er dabei angewendet? Was macht dein Idol anders oder besser als du aktuell? Welche Lebenseinstellung hat sie/er? Welche Gedanken deines Idols sind besonders hilfreich für dich?

Es sind unsere Gedanken, die den Grenzen in unseren Köpfen die Macht geben. Du aber bist der Boss deiner Gedanken und hast daher die Kraft, deine Grenzen niederzureißen!

NIEMALS GUT GENUG

Wie ein dunkler Schatten taucht die Angst, nicht gut genug zu sein, plötzlich auf und vereinnahmt alle Gedanken. Ignorieren macht wenig Sinn, denn die Stimme der Angst ist zu dominant. Mit plausiblen Ansätzen und jeder Menge Begründungen versucht sie, uns von unseren Unzulänglichkeiten zu überzeugen. Während wir langsam beginnen, der Stimme zu glauben, gesellt sich auch noch eine weitere Sorge hinzu: Was, wenn andere bemerken, dass wir nicht gut genug sind?

Von Selbstzweifeln dieser Art können viele von uns ein Lied singen. So auch ich. Während die meisten Begegnungen mit diesem unschönen Gefühl nicht gerade angenehm sind, machte ich unlängst eine andere, sogar positive Erfahrung, von der ich dir gern erzählen möchte.

Eine liebe Freundin hatte einen meiner Texte ohne mein Wissen bei einem Wettbewerb eingereicht. Zu gewinnen gab es ein exklusives Schreibseminar mit einem renommierten Autor, dessen Schwerpunkt ebenso mentale Themen sind. Ich war völlig aus dem Häuschen, als ich via Mail darüber informiert wurde, dass ich als eine von zehn Gewinnern aus dem Wettbewerb hervorgegangen war. Voller Neugierde nahm ich am Seminar teil. Noch vor Beginn lernte ich die anderen Gewinner bei einem gemütlichen Kaffeeplausch kennen. Es entstand ein reger Austausch, und nach wenigen Minuten war ich begeistert von den unterschiedlichen Lebenswegen der Autoren sowie von ihrer enormen Inspirationskraft. Obwohl ich mich pudelwohl fühlte, machte sich plötzlich ein Gefühl in mir breit, welches mir sagte: „Die sind doch alle besser und erfahrener als ich. Vermutlich war es ein Versehen, dass auch ich eingeladen wurde." Da ich mich ansonsten für durchaus selbstbewusst halte und außerdem ja mental geschult bin, überraschten mich meine kontraproduktiven Gedanken. Dennoch schaffte ich es nicht, die Selbstzweifel ganz zu verbannen. Das aber änderte sich, als das Seminar losging.

„Wer von euch ist gut genug, um heute hier dabei zu sein? Wer glaubt tatsächlich, dass er zu den Besten zählt?", fragte der Seminarleiter mit zynischem Grinsen und verharrte dann in minutenlangem Schweigen. Nach ein paar Minuten begannen wir, einander prüfend anzusehen, aber niemand wagte es, die Worte „Ich bin gut genug" in den Mund zu nehmen. „Na gut, anscheinend seid ihr schüchtern, daher schlage ich eine anonyme Umfrage vor." Nun sollten wir die Frage „Fühlst du dich gut genug, um heute hier bei den Besten dabei zu sein?" schriftlich beantworten. Vorschnell kritzelte ich ein Ja auf mein Papier.

Als der vortragende Mentaltrainer aber erneut die Stimme erhob und uns bat, bei der Antwort wirklich schamlos ehrlich zu sein, zerknüllte ich meine Antwort wieder und holte mir ein neues Blatt, um die Frage mit einem ehrlichen Nein zu beantworten. Die Auflösung der Umfrage war erstaunlich. Von zehn Teilnehmern, die meisten davon waren Profis auf dem Gebiet der Mentallehre, zweifelten neun daran, dass sie wirklich gut genug seien. Erleichtert sahen wir einander an. In diesem Moment fiel eine große Last von mir. Plötzlich war es gar nicht mehr schlimm, sondern das Natürlichste auf der Welt, dass auch ich an mir und meinen Fähigkeiten zweifelte.

Im Laufe des Seminars verschwanden meine Selbstzweifel. Immer wenn ich seither hier oder da an mir zweifle, denke ich daran, dass es allen anderen vermutlich ähnlich geht. Allein dieser Gedanke kann schon heilsam sein. Meist hemmen uns die Selbstzweifel rund um das Gefühl, nicht gut genug zu sein, aber so sehr, dass es weiterer Schritte bedarf, um sich von ihrer Last zu befreien. Der erste besteht darin festzustellen, wie sehr du davon betroffen bist.

Das Gefühl, nicht gut genug zu sein, kann sich unterschiedlich intensiv in folgenden Varianten bemerkbar machen:
- Du bist selbstkritisch und nur selten mit dir zufrieden.
- Du bist unsicher, weil du glaubst, dass dir gewisse Fähigkeiten oder Kompetenzen fehlen.
- Du glaubst, dass du im Leben bisher nur Glück hattest, und fürchtest dich davor, dass jemand hinter die Fassade blicken könnte (Hochstaplersyndrom). Du bist perfektionistisch und schämst dich für Fehler und Macken.
- Du hast Angst, vor anderen Menschen zu sprechen, weil du dich blamieren könntest.
- Du zweifelst an deiner Liebenswürdigkeit als Mensch.
- Du bist unzufrieden mit deinem Körper, weil dieser im Vergleich zu anderen deiner Meinung nach Makel aufweist.
- Du bist häufig damit beschäftigt, deine Schwächen und Macken zu verbergen.
- Du scheust neue Aufgaben, weil du daran zweifelst, diese gut genug zu meistern.
- Du ärgerst dich oft über dich selbst, weil du glaubst, du könntest besser sein.
- Du glaubst, dass du vieles, was dir im Leben zuteilwurde, nicht verdient hast.
- Du bist gelegentlich unsicher, weil du denkst, bei anderen nicht wie gewünscht zu punkten.
- Du hältst dich mit deiner Meinung zurück, weil du Angst davor hast, dass andere sie lächerlich finden könnten.

Trifft einer oder treffen mehrere dieser Punkte auf dich zu? Fast jeder von uns hegt ab und an Gedanken des Selbstzweifels. Sie nisten sich im Verlauf unseres Lebens unbewusst ein und beginnen uns zu dominieren, wenn sie einmal genug Kraft durch unsere immer wieder bestätigenden Gedanken getankt haben. In extremen Fällen entsteht dadurch das sogenannte Hochstaplersyndrom. Bei Menschen, die davon betroffen sind, schleicht sich in jeder Lebenslage ein Berg an Ängsten ein, die ihnen weismachen, sie seien nicht gut genug und hätten bisher im Leben bloß Glück gehabt. Diese Menschen haben furchtbare Panik davor, dass andere hinter ihre Fassade blicken und dabei die nackte Wahrheit über ihre Unzulänglichkeiten erkennen könnten.

Erst kürzlich kam eine Klientin mit einem derartigen Syndrom zu mir. Über einen Zeitraum von mehreren Wochen haben wir es gemeinsam geschafft, dem Kern ihrer ausgeprägten Selbstzweifel auf die Schliche zu kommen und diese anschließend Schritt für Schritt aufzulösen. Im Vorfeld konzentrierten wir uns darauf herauszufinden, woher ihr permanentes Gefühl der Unzulänglichkeit rührte. Dafür gibt es unterschiedliche Quellen.

1. MANGELNDE ANERKENNUNG UND WERTSCHÄTZUNG

Wie die meisten unserer Glaubensmuster entstand auch das Gefühl, nicht gut genug zu sein, häufig in der Vergangenheit. Wenn wir uns nicht gut genug fühlen, liegt das oft an einem Mangel an Wertschätzung. Wer in seiner Kindheit und Jugend kaum gelobt, dafür häufig kritisiert, beschimpft und auf Fehler aufmerksam gemacht wurde, neigt später nicht nur zu Perfektionismus, sondern auch dazu, stetig an sich zu zweifeln. Ihm fehlt quasi das Fundament für einen gesunden Selbstwert.

Bei manchen Menschen ist das Gefühl, nicht gut genug zu sein, derart ausgeprägt, dass sie Anerkennung nicht annehmen können. Wenn ihnen zum Beispiel jemand sagt: „Wow, das hast du aber klasse hinbekommen, tolle Arbeit!", spielen sie ihre Leistung herunter. Ähnlich reagieren sie auf Komplimente, die sich auf ihr Äußeres beziehen. Ihre Reaktion ist ein Abbild ihrer inneren Überzeugungen. Sie können sich die Anerkennung selbst nicht zugestehen, weil sie sich durch ihre vergangenen Erfahrungen selbst nicht als gut oder schön genug empfinden.

2. UNREALISTISCHE ANSPRÜCHE AN UNS SELBST

Täglich finden wir on- und offline Tausende Impulse, wie wir uns verbessern können. Ein Trend, der trotz Gegenoffensiven längst bei uns allen angekommen ist. Während Selbstoptimierung früher vor allem im Bereich Sport eine notwendige Maßnahme war, hat sie sich heute auf unzählige Gebiete ausgedehnt. Wir müssen gebildeter, muskulöser, mehrsprachig, nachhaltiger, biologischer, selbstbewusster, erfolgreicher, belesener, gesünder, bewusster und kompetenter werden.

Vorbilder dazu gibt es zur Genüge. Ich folge auf Instagram gerade einer Newcomer-Influencerin, deren Followerzahlen nach oben schnellen. Kein Wunder, sie ist auch ein Multitalent. Sie studiert Sport und Jura und liegt dabei in der Mindeststudienzeit. Sie läuft Marathon, surft auf Riesenwellen auf Hawaii, ernährt sich vegan und natürlich biologisch, meditiert mehrmals täglich, hat kürzlich ihre Ausbildung zur Yogalehrerin abgeschlossen, engagiert sich ehrenamtlich für diverse Kinderdörfer, managt zwei erfolgreiche Unternehmen und – wie könnte es anders sein – sieht dabei auch noch aus wie eine Kandidatin für *Germany's Next Topmodel*.

Neben ihr gibt es natürlich noch jede Menge weitere Beispiele an Superfrauen und -männern, deren Gesichter die Titelblätter von Lifestyle-Magazinen zieren oder deren Followerzahlen die Millionengrenze überschritten haben. Sie alle motivieren uns dazu, uns selbst zu optimieren. Bis zu einem gewissen Grad ist das eine wirklich gute Sache. Aber leider vergessen diese Vorbilder oft, ihre Mankos zu erwähnen. So bekommen wir ständig das Gefühl vermittelt, nicht gut genug zu sein. Um dieses Gefühl einzudämmen, versuchen viele, genauso perfekt zu werden wie ihr Idol. Denn nur dann, so glauben sie, können sie ihre fehlenden Qualitäten verbergen. Weil wir nicht zur Perfektion erschaffen sind, scheitern solche Bemühungen jedoch häufig. Der Drang, alles perfekt zu machen, bleibt aber bestehen und macht uns das Leben schwer.

3. VERGLEICHE MIT ANDEREN

Oft neigen wir dazu, faule Vergleiche anzustellen – eine weitere Quelle dafür, dass wir uns für nicht gut genug halten. Wir fühlen uns nicht schön, klug oder liebenswert genug, weil wir uns nur in einer Disziplin vergleichen, meist in jener, in der wir nicht so gut abschneiden. Und zu allem Überfluss vergleichen wir uns auch noch mit all jenen, die darin besonders gut sind. Etwa mit Models, TV-Stars, perfekten Müttern, Managerinnen oder anderen Multitalenten.

Aber auch Vergleiche mit „gewöhnlichen" Menschen wie der Nachbarin oder der Kollegin hinken oft. Denn auch diese Menschen zeigen sich häufig nur von ihrer Schokoladenseite. Schon längst wurden auch sie vom Trend der Selbstoptimierung infiziert, weswegen sie ihre Unzulänglichkeiten und Fehler, die uns im Vergleich besser abschneiden lassen würden, konsequent verbergen. Kein Wunder also, dass wir bei derartigen Vergleichen immer den Kürzeren ziehen.

4. NEGATIVE GEDANKEN

Obwohl es verschiedene Ursachen für den Selbstzweifel „Ich bin nicht gut genug" gibt, ist seine Hauptnahrungsquelle ein Produkt von uns selbst. Denn erst unsere eigenen Gedanken hauchen dem Zweifel Leben und Kraft ein. Jeder deiner Gedanken ist wie eine kleine Geschichte. Du denkst an die bildhübsche Nachbarin und daran, dass du neben ihr wie ein hässliches Entlein aussiehst. Du denkst an die fünf Kilo, die du im Vergleich zu anderen zu viel hast, und schämst dich dafür. Du denkst an deine schlechten Englisch- oder Onlinekenntnisse und malst dir aus, wie du dich dadurch blamieren könntest. Du denkst an den Typen, der dich einst abgelehnt hat, und an die Gründe, die er dafür hatte. Und so weiter. Mit jedem dieser Gedanken erzählst du dir selbst Geschichten über dich. Und zwar Geschichten, die dich selbst sabotieren. Jede einzelne von ihnen schwächt deinen Selbstwert. Stell dir vor, du wärst einst mit einer Million Selbstwertpunkten auf die Welt gekommen. Wie viele davon sind noch übrig, wenn du für jeden Gedanken, dessen Aussage „Ich bin nicht gut genug" war, einen Punkt abziehst?

Vielleicht 500 000, vielleicht nur noch 100 000? Je niedriger der Punktestand, desto intensiver wird der Selbstzweifel-Teufelskreis. Ein niedriger Selbstwert zieht vermehrt Zweifel nach sich. Diese sammeln sich und greifen dein Selbstwertgefühl erneut an. Die Folge: Deine Selbstzweifel-Abwehr sinkt, und du wirst immer anfälliger für selbst sabotierende Gedanken.

Aber keine Sorge. Diesen Kreislauf kann man stoppen und die Selbstwert-Punkte sogar zurückerobern. Das Wichtigste, das du dazu wissen musst, ist: Selbstzweifel sind nicht angeboren und auch nicht unüberwindbar. Sie sind bloß eine Folge jener Geschichten, die du dir über dich selbst erzählt hast. Also los, lass uns die Geschichten ändern!

HONIGPERLEN TO GO
Neue Geschichten für deinen Selbstwert
Wenn Selbstzweifel an dir nagen, kannst du die negativen Gedankengeschichten über dich selbst mit folgenden Methoden einfach in positive Geschichten umschreiben.

1. Komplimente- und Lobgeschichten
Bist du jemand, der Lob und Anerkennung gut annehmen kann? Oder fällt es dir schwer, dich in dem Bewusstsein, dass dir wohltuende Worte zustehen, dafür mit einem Lächeln zu bedanken? Falls ja, empfehle ich dir folgende Vorgehensweise:
- Reagiere beim nächsten Kompliment oder Lob, das du erhältst, bewusst anders, indem du dich beispielsweise herzlich dafür bedankst.
- Anfangs kann diese neue Reaktion dazu führen, dass du dich unwohl oder gar peinlich berührt fühlst. Zieh es trotzdem durch, denn dieses Gefühl löst sich mit etwas Routine schnell auf.
- Indem du das Anerkennungsgeschenk annimmst, signalisierst du deinem Unterbewusstsein, dass es dir zusteht. Dein Mindset wandelt sich dadurch rasch.
- Anschließend sorgst du dafür, dass dieses Lob auch tatsächlich bei deinem Unterbewusstsein ankommt, indem du es niederschreibst. Leg dazu eine Liste an.
- Nimm dir diese Liste mindestens einen Abend pro Woche zur Hand, schließe deine Augen und lass die Komplimente und das Lob, das du erhalten hast, nochmals eins nach dem anderen Revue passieren.

2. Machen statt perfektionieren

Menschen, die an sich zweifeln und des Öfteren das Gefühl haben, nicht gut genug zu sein, neigen zu Perfektionismus. Dieses Muster durchbricht man am besten, indem man handelt. Indem man die Geschichte also erlebt, anstatt sich auszumalen, was alles schiefgehen könnte und welche Fehler man vermeiden muss. Zum einen fördert das die persönliche Weiterentwicklung und zum anderen stellt sich dabei häufig heraus, dass die eigenen Taten auch ohne vielfache Kontrollschleifen gut genug sind. Schritt für Schritt dringt diese Erkenntnis beim Tun dann in unser Unterbewusstsein vor.

Am besten startest du sofort damit und greifst zu einem Projekt, das schon länger in deiner Schublade liegt. Der Gedanke „Heute geht es nicht um Perfektion, sondern um das Schaffen selbst" kann dich beim Überwinden der Perfektionsgedanken unterstützen.

3. Vergleichsgeschichten mit dir selbst

Vergleiche sind – wie erwähnt – kontraproduktiv für deinen Selbstwert. Aber nicht alle Vergleiche. Anstatt dich mit anderen zu vergleichen, kannst du beginnen, dein heutiges Selbst mit deinem früheren Selbst zu vergleichen. Frage dich:

- Was kann ich heute besser als früher?
- Welche Fähigkeiten habe ich mir im Laufe der Zeit angeeignet?
- Womit kann ich heute besser umgehen als früher?
- Wo stehe ich heute im Vergleich zu früher? Was habe ich erschaffen?

Und falls es doch wieder passiert und du dich einem faulen Vergleich unterziehst, denke daran, dass das Leben aus vielen Bereichen besteht und es bestimmt einige gibt, in denen du besser als dein Vergleichspartner abschneidest.

ANERKENNUNGSSUCHT: EIN SCHREI NACH LIEBE

Drei Menschen, drei Situationen:

Linda steht jeden Morgen um sechs Uhr auf, um die Jausenbrote für die Kinder zu schmieren und die Hemden ihres Mannes zu bügeln. Danach hetzt sie in die Arbeit, wo bereits ein großer Stapel Akten auf sie wartet. Meist dauert es nicht lange, und ihr Kollege kommt angeschlichen und bittet sie um einen dringenden Gefallen. Wie immer sagt Linda Ja, denn Nein sagen kann sie nicht. Um diese Schwäche weiß nicht nur ihr Kollege. Und so kommt es, dass ständig jemand an Lindas Tür klopft und sie um dieses und jenes bittet: „Könntest du vielleicht spontan auf meine Kinder aufpassen?" – „Kannst du bitte ausnahmsweise meinen Stiegenhausputzdienst übernehmen?" – „Kannst du dich um die Organisation des Gemeinschaftsgeschenkes kümmern?" Oder: „Können wir uns treffen? Mir geht es so schlecht." Obwohl Linda meist alle Hände voll zu tun und kaum eine Minute Zeit für sich selbst hat, schafft sie es nicht, andere vor den Kopf zu stoßen.

Ein anderer Fall ist Björn. Sein Ziel ist es, die Karriereleiter hochzuklettern. Obwohl ihm das bisher gut gelungen ist, fühlt er sich von Kollegen und Freunden oftmals nicht respektvoll genug behandelt. Deshalb arbeitet er noch härter. Er legt Nachtschichten ein, besucht ständig Weiterbildungen, macht dreimal so viele Überstunden wie alle anderen Kollegen, versucht stets, sich selbst zu optimieren, und trainiert seine Sprecher-Skills täglich. Schließlich will er es am Ende des Tages all jenen, die ihn bisher missachtet haben, endgültig beweisen.

Am meisten freut er sich, wenn seine Freundin ihn für seine enormen Leistungen lobt. Leider kommt das selten vor. Genauso passieren ihm nur selten Fehler. Scheitert er aber dennoch, ist er am Boden zerstört und geht – als Strafe dafür – brutal mit sich selbst ins Gericht.

Wieder ein anderer Fall ist Adriana. Sie ist ungern allein und braucht ständig die Nähe und den Zuspruch anderer Menschen. Um nicht Gefahr zu laufen, am Wochenende allein zu sein, verplant sie sich bereits Wochen im Voraus. Ihre schrecklichste Vorstellung ist es, ein ganzes Wochenende ohne die Zuneigung anderer Menschen zu verbringen. Im Job hat sie immer öfter das Gefühl, dass andere ihr zu wenig Aufmerksamkeit schenken, weswegen sie sich gern uneingeladen einbringt. Wenn sie eine Gruppe Menschen entdeckt, die gemeinsam Kaffee trinkt, gesellt sie sich ohne Umschweife dazu und erzählt alles, was gerade ihr Herz bewegt. Ab und an sagt ein Kollege dann: „Du plapperst wie ein Wasserfall. Kannst du eigentlich auch einmal still sein?" Wenn Adriana gekränkt ist und sich von ihren Mitmenschen nicht genügend gesehen fühlt, switcht sie auf Social Media. Dort postet sie jede Menge Selfies und freut sich über Kommentare, die ihr das Gefühl geben, gemocht und als schön empfunden zu werden.

STRATEGIEN FÜR MEHR ZUWENDUNG

Linda, Adriana und Björn haben etwas gemeinsam. Sie kompensieren ihren Hunger nach Liebe und Anerkennung durch bestimmte Verhaltensweisen. Und damit sind sie keine Ausnahmen. Jeder Mensch sehnt sich nach Zuneigung, emotionaler und körperlicher Nähe, Anerkennung, Aufmerksamkeit, Zuspruch und Lob. Denn all diese Qualitäten sind ein Ausdruck von Liebe. Und Liebe brauchen wir, um zu überleben.

Eigentlich sollte Liebe bedingungslos sein. Als wir noch Babys waren, war das auch so. Ständig bekamen wir Liebe ungefragt und bedingungslos geschenkt. Später aber wurde vielen von uns beigebracht, dass Liebe und Anerkennung an bestimmte Bedingungen geknüpft sind. Linda hat gelernt, dass sie immer lieb, freundlich und zuvorkommend sein muss und andere niemals vor den Kopf stoßen oder enttäuschen darf, um gemocht zu werden. Björn hat erfahren, dass er nur dann gesehen und gelobt wird, wenn er etwas leistet und Erfolge erzielt. Adriana hat verinnerlicht, dass sie schön sein muss, um Aufmerksamkeit und Zuneigung zu erhalten, und dass sie außerdem hart darum kämpfen muss.

Alle drei leiden an einem Mangel an Liebe, dessen Ursprung sich in ihrer Vergangenheit findet. Im Laufe der Zeit haben sie verschiedene Strategien entwickelt, die sie dabei unterstützen, die so dringend benötigte Liebe bei ihren Mitmenschen einzufordern. Ein natürliches, aber auch schadhaftes Verhalten, das der eine oder andere vielleicht ansatzweise von sich selbst kennt. Es gibt auch noch weitere Verhaltensmuster, die vor allem dann auftreten, wenn wir einen Mangel an Liebe und Anerkennung verspüren:

- Ständige Suche nach Nähe: Oft suchen wir gerade bei Personen nach Zuwendung, die uns schlecht behandeln.
- Krankheit: Kranke Menschen werden gehegt und gepflegt. Das wissen wir alle aus unserer Kindheit nur allzu gut. Unbewusst sehnen wir uns Krankheiten herbei, um die wohltuende Zuneigung und Aufmerksamkeit unserer Mitmenschen zu bekommen.
- Lügen: Um interessanter und beachtenswerter zu werden, erzählen manche Menschen ausschweifende Geschichten über sich selbst oder übertreiben bei der Beschreibung ihrer Fähigkeiten und Erfolge.

- Schadhaftes Verhalten sich selbst gegenüber: Das kann sich beispielsweise in krankhaftem Hungern, in der Kompensierung durch Süchte (Einkaufen, Alkohol, Drogen) oder in Selbstverletzung zeigen.
- Beziehungen, die uns nicht guttun: Wegen ihrer starken Sehnsucht nach Nähe verlassen manche Menschen ihren Partner nicht, obwohl dieser sie körperlich oder auch seelisch verletzt.

All diese Strategien sind nichts anderes als ein lauter Schrei nach Liebe, der auf negative Glaubenssätze zurückzuführen ist, die uns weismachen wollen, dass wir nicht gut, schön, erfolgreich oder liebenswert genug sind, wenn wir nicht bestimmte Bedingungen erfüllen.

Vielleicht findest du die eine oder andere Tendenz auch bei dir wieder. Falls ja, so ist das ein ganz natürliches Verhalten. Ohne Liebe laufen wir Gefahr, emotional und körperlich krank zu werden. Deshalb suchen wir oft unbewusst nach Auswegen. Fast immer finden wir diese und fast immer handelt es sich dabei um schadhafte Gewohnheiten, die darauf warten, bewusst entdeckt und durch gesunde Verhaltensweisen ersetzt zu werden. Die nachhaltigste Strategie, um den Hunger nach Liebe und Anerkennung zu stillen, ist die Selbstliebe. Mit ihrer Hilfe kann man die so dringend benötigten Liebesrationen selbst erschaffen. Die Sucht nach Anerkennung im Außen nimmt auf diese Weise ab, weil wir uns von innen heraus das schenken können, was wir für unser Glück so dringend benötigen: pure Liebe.

Wer Methoden der Selbstliebe kennt, weiß, dass ihre Wirkung über das Stillen des Liebesbedürfnisses hinausgeht und dass sie, wenn man sie richtig und kontinuierlich ausführt, das gesamte Leben positiv beeinflussen können.

Bevor ich aber zu den wirksamen Instrumenten der Selbstliebe komme, ist es noch interessant zu erfahren, wie viel Anerkennung und Liebe du benötigst, um deinen Hunger zu stillen. Hier gibt es nämlich oft Missverständnisse – einfach weil sich die Bedürfnisse unterscheiden. Wer sich darüber bewusst ist, kann die Selbstliebe-Strategien gezielter und bedarfsorientierter einsetzen.

WIE VIEL (SELBST-)LIEBE BRAUCHST DU?

Die verschiedenen Ausprägungen von Nähe- und Distanzbedürfnissen kennen wir meist aus dem Beziehungsleben. Während dem einen Partner die Nähe schnell zu viel wird und er sich regelmäßig zurückzieht, erlebt der andere, der ein höheres Bedürfnis nach Nähe, Geborgenheit und Liebe hat, eiskalte und schmerzhafte Ablehnung und verhungert förmlich neben seinem Partner.

Die Gründe für diese unterschiedlichen Bedürfnisausprägungen finden sich in der frühesten Kindheit. In den ersten Lebensjahren wird der Grundstein für unser Nähe- und Distanzempfinden gelegt. Fühlten wir uns als Kind geborgen und auch nicht zu sehr eingeengt, haben wir meist einen durchschnittlichen Liebesbedarf entwickelt. Fehlte uns die so überlebenswichtige Nähe und Liebe in den ersten Monaten und Jahren unseres Lebens, kann das dazu führen, dass wir emotionale Nähe später nur schwer zulassen können oder diese im Übermaß benötigen.

Je nachdem, wie klein oder groß dein Wunsch nach Liebe und Nähe ist, solltest du dein Bedürfnisglas entsprechend mehr oder weniger voll „einschenken". Der folgende Test hilft dir dabei herauszufinden, wie viel Liebe du brauchst. Am besten bearbeitest du ihn, ohne viel darüber nachzudenken, indem du die zutreffenden Aussagen markierst.

- Ich habe oft das Gefühl, dass ich mich anbiedern muss, um Zuwendung zu bekommen.
- Ich bin in der Partnerschaft die-/derjenige, die/der öfter die Initiative für Zärtlichkeiten ergreift.
- Am liebsten würde ich fast alles mit meinem Partner gemeinsam machen.
- Ich kann Stunden und Tage mit meinen Lieblingsmenschen verbringen, ohne dass sie mich langweilen oder nerven.
- Allein zu sein, ist für mich immer eine Überwindung.
- Wenn ich mit jemandem in den Urlaub fahre, versteht es sich für mich von selbst, dass wir die gesamte Zeit gemeinsam verbringen.
- Einsamkeit ist ein Gefühl, das ich versuche, tunlichst zu vermeiden.
- Ich habe öfter Angst davor, ausgeschlossen zu werden.
- Manchmal nervt es mich, dass immer ich mich bei meinen Freunden melden muss.
- Ich brauche meinen Partner mehr als er mich.
- Ich brauche geliebte Menschen in greifbarer Nähe, damit ich mich richtig wohlfühle.
- Allein in den Urlaub zu fahren, ist für mich ein No-Go.

Auflösung:
0–5 Treffer: mittleres Liebes- und Nähebedürfnis
6–10 Treffer: hohes Liebes- und Nähebedürfnis
11–12 Treffer: sehr hohes Liebes- und Nähebedürfnis

Das Ausmaß deines Liebes- und Nähebedürfnisses legt den Grundstein für die Intensität an Selbstliebe, die du benötigst, um von der Anerkennungssucht und den damit verbundenen schadhaften Verhaltensmustern ein für alle Mal loszukommen. Bei einem mittleren Liebes- und Nähebedürfnis empfehle ich ein bis zwei Selbstliebe-Portionen pro Woche. Bei einem hohen und sehr hohen Bedürfnis solltest du dir mindestens einmal täglich über mehrere Wochen hinweg eine Selbstliebe-Portion zukommen lassen. Bist du dann innerlich regelrecht erfüllt von Liebe, kannst du die Selbstliebe-Einheiten wieder auf ein normales Maß, etwa ein- bis zweimal pro Woche, reduzieren.

HONIGPERLEN TO GO
Schenke dir Selbstliebe
Hier findest du einen kleinen Ideenkatalog für wohltuende Selbstliebe-Portionen, die du ideal in deinen Alltag integrieren kannst.
- Schreibe zehn Dinge auf, die du an dir selbst schätzt und magst.
- Sage dir folgende Affirmation morgens und abends laut oder in Gedanken vor: „Liebe durchfließt meinen Körper und meinen Geist. Ich liebe mich von Tag zu Tag immer mehr und mehr."
- Sage dir heute jedes Mal, wenn du dein Spiegelbild siehst: „Ich liebe mich selbst so, wie ich bin."
- Führe ein liebevolles Selbstgespräch: Stelle dir dabei vor, du selbst bist dein Selbstwert-Coach. Rede dir gut zu! Sage dir, was du an dir wunderbar findest. Sei verständnisvoll, lausche deinen Gedanken aufmerksam und gib dir selbst wohlwollende Tipps.
- Behandle dich selbst einen Tag lang wie eine Königin. Gönne dir ein Honigbad, trage eine Gesichts- oder Haarmaske auf, besuche ein schickes Restaurant oder ein Theaterstück, ziehe dein hübschestes Kleid an oder genehmige dir eine Massage oder einen Friseurbesuch. Sage dir dabei mehrmals laut oder in Gedanken: „Ich bin es mir wert, liebevoll behandelt zu werden."

- Umarme dich selbst. Spüre dabei deine Haut, deinen Atem und deine Arme, die dich liebevoll umfassen.
- Beantworte die folgenden Fragen: Wenn deine Selbstzweifel Vergangenheit wären und du jenes unglaublich starke Selbstvertrauen hättest, das du dir wünschst – was wäre dann anders? Wie würdest du dich verhalten? Was würdest du sagen? Anders machen? Zusätzlich machen? Nicht mehr machen?
- Beschenke dich selbst. Kaufe dir einen Strauß Blumen, leckere Pralinen, ein gutes Buch oder einen besonderen Tee. Sage dir dabei: „Das ist ein Liebesgeschenk an mich selbst. Ich habe es verdient, belohnt zu werden."
- Gestalte eine Selbstliebe-Collage. Überlege dir, was du alles an dir magst. Suche für jede Eigenschaft ein passendes Bild. In Magazinen und Zeitschriften wirst du bestimmt fündig. Bastele aus deinen gesammelten Ausschnitten anschließend eine Collage.
- Ergänze den folgenden Satz um mindestens sieben Punkte: „Ich bin liebenswert, weil …"
- Sprich die folgende Affirmation heute so oft wie möglich laut oder in Gedanken aus: „Ich bin eine Bereicherung für meine Mitmenschen." Oder: „Ich bin ein Geschenk für die Welt."
- Notiere dir mindestens fünf Gründe, die dir Anlass dazu geben, stolz auf dich zu sein.
- Mache eine Selbstliebe-Meditation. Anregungen findest du auf YouTube oder Insta-TV.
- Nimm dir zehn Minuten Zeit für deinen Körper. Überlege dir, was du an ihm magst und wofür du ihm dankbar bist.
- Sage dir folgende Affirmation heute mehrmals laut oder in Gedanken vor: „Ich liebe und akzeptiere mich und vertraue darauf, dass mir der Prozess des Lebens nur Gutes bringt."

Narben: Die Spuren der Vergangenheit

Wenn ich an die Narben der Vergangenheit denke, erscheint vor meinem inneren Auge immer das Bild einer Vogelscheuche. Sie trägt zerlumpte und zerrissene Kleider, die notdürftig geflickt und wurden. Wären all unsere seelischen Narben sichtbar, so würden wir der Gestalt einer Vogelscheuche mit Sicherheit ähneln, denn jeder von uns hat im Verlauf seines Lebens Schrammen und Verletzungen abbekommen, die spürbare Narben hinterlassen haben.

Vieler dieser Narben sind wir uns nicht bewusst, und dennoch beeinflussen sie unser Leben. Und auch wenn uns die eine oder andere Verletzung und Kränkung bewusst ist, bedeutet das nicht, dass sie nicht mehr schmerzt. Häufig ist es so, dass wir dem Schmerz aus dem Weg gehen wollen und uns deshalb nicht mit qualvollen Erfahrungen wie einer bitteren Enttäuschung oder einer schlimmen Zurückweisung, die wir erlitten haben, auseinandersetzen. Zu groß ist die Angst davor, dass der Schmerz noch stärker werden könnte. Lieber verdecken wir den Schmerz mit Ablenkung oder Ignoranz.

Leider ist diese Maßnahme oft nutzlos. Es ist in etwa so, als würden wir auf eine riesengroße klaffende Wunde ein kleines Pflaster aus der Hausapotheke kleben. Für einen Moment glauben wir, die Gefahr sei gebannt und der Schmerz gestillt, aber nach ein paar Minuten dringt das Blut durch. Viele Menschen erkennen dieses eindeutige Signal nicht und behelfen sich dann mit weiteren Pflastern. Irgendwann versiegt der Blutfluss mitsamt dem Schmerz dennoch.

Aber der Schein trügt, denn jedes Mal, wenn uns eine Situation oder ein Mensch mit einer gewissen Verhaltensweise an die Wunde erinnert, ist er wieder da, der Schmerz. Denn die Wunde wurde nur notdürftig geschlossen und ist vor allem nicht richtig ausgeheilt. In so einem Zustand begleitet sie uns

NARBEN: DIE SPUREN DER VERGANGENHEIT

oft ein Leben lang. Die Angst davor, wieder auf den Schmerz zu treffen, macht uns übervorsichtig. Wir gehen bestimmten Situationen aus dem Weg, beschäftigen uns erst gar nicht mit gewissen Lebensbereichen oder Chancen und verweilen gern in der Komfortzone, wo wir zwar nicht sonderlich glücklich sind, aber eben auch nichts zu befürchten haben. Kurz: Wir werden zu Gefangenen unserer vergangenen Narben.

Narben der Vergangenheit sind Botschafter, die uns zeigen wollen, wo es noch etwas in uns zu heilen gibt.

Melanie

Das muss aber nicht so sein. Denn in Wahrheit sind die wieder aufflammenden Verletzungen, Enttäuschungen und Kränkungen bloß Botschafter, die uns zeigen wollen, wo es noch etwas in uns zu heilen gibt. Folgen wir diesen Hinweisen und bringen wir den Mut auf, uns erneut und richtig mit Verletzungen, althergebrachten Glaubenssätzen und negativen Erfahrungen auseinanderzusetzen, so entdecken wir sehr rasch die Geschenke hinter unseren Narben. Sätze wie „Ich bin halt, wie ich bin, und kann nicht anders" stehen uns dann nicht mehr im Weg. Wir sind plötzlich in der Lage, uns im Nu neue Verhaltensweisen und Eigenschaften anzueignen. Die Angst, verletzt zu werden, hört auf, unsere Entscheidungen zu dominieren. Und das Gefühl, Situationen erbarmungslos ausgeliefert zu sein, wandelt sich in Selbstbestimmung.

Welche Narben der Vergangenheit uns das Leben schwer machen können und welche Geschenke sich dahinter verbergen, das schauen wir uns in den folgenden Kapiteln näher an.

GLAUBST DU, WAS DU DENKST?

Eine meiner liebsten Freizeitbeschäftigungen ist es, durch die Stadt zu ziehen und Hausfassaden sowie Graffitis zu fotografieren. Nicht selten werde ich dabei inspiriert. So auch neulich, als ich auf ein Graffito mit folgendem Wortlaut stieß: „Glaub nicht alles, was du denkst." Diese einfache Aussage enthält so viel Wahres und Heilsames. Sie bezieht sich auf all jene negativen Glaubenssätze, die uns im Laufe unseres Lebens durch unsere Mitmenschen und Erfahrungen auferlegt wurden. Diese haben sich tief in unser Unterbewusstsein eingeprägt, sodass sie unsere Lebenseinstellung und unsere Überzeugungen stark beeinflussen.

Diese negativen Glaubenssätze können sich wie folgt äußern:

- in – wie schon im ersten Kapitel erwähnten – Sätzen wie „Ich bin nicht gut, schön, klug oder liebenswert genug",
- in Begrenzungen und Limitierungen, die das eigene Selbst betreffen,
- in der Einstellung zu verschiedenen Lebensbereichen wie der Liebe, dem Geld oder dem Leben selbst,
- in Sprichwörtern wie „Ohne Fleiß kein Preis" oder „Eigenlob stinkt",
- in Worten unserer Eltern, Lehrer oder anderer Lebensbegleiter, zum Beispiel: „Aus dir wird nie etwas", oder: „Nur schöne Mädchen heiraten Prinzen",
- oder in Schlussfolgerungen, die sich durch schmerzhafte Erfahrungen wie Enttäuschung, Betrug, Trennung, Zurückweisung oder andere Traumata in uns eingenistet haben.

IN DEN FÄNGEN MIESER GEFÄHRTEN

Jeder von uns trägt unzählige solcher Glaubenssätze in sich. Auf einige gehe ich in diesem Buch noch genauer ein. Wenn diese verinnerlichten Sätze auch nicht ausschließlich negativer Natur sind – viele davon sind dazu in der Lage, uns das Leben ganz schön zu vermiesen. Um diese negativen Gefährten wollen wir uns jetzt kümmern. Meine Freundin Sabrina kann ein Lied von solchen Gefährten singen. Ihr halbes Leben lang schenkte sie dem Satz „Das Leben ist ein einziger Kampf, bei dem man nichts geschenkt bekommt" all ihren Glauben. Kein Wunder, schließlich hatten schon ihre Mutter und Großmutter diese Aussage immer wieder geäußert.

Nun rate mal, wie Sabrinas Leben verlief. Genau, es war ein Kampf. Ständig musste sie alle ihre Kräfte aufbringen, um diesen Kampf – sei es im stressigen Berufsalltag oder in ihrem Privatleben – zu gewinnen. Anstelle helfender Hände, die sie dringend gebraucht hätte, witterte sie überall nur Gegner und Gefahren. Natürlich bekam sie auch nie etwas geschenkt. Sie fragte erst gar nicht nach einer Gehaltserhöhung, wünschte sich nie etwas Kostspieliges und hielt es für schier unmöglich, dass sie das Leben positiv überraschen würde. Oft war sie am Ende ihrer Kräfte, machte aber trotzdem weiter. Anders gesagt: Sabrina bekam vom Leben genau das, was sie glaubte.

Als sie mir erschöpft ihr Herz ausschüttete, fiel mir dazu nur eine Frage ein: „Was wäre, wenn du ab heute glauben würdest, du seist ein absoluter Glückspilz?" Vorerst reagierte Sabrina skeptisch. Als wir dann aber darüber sprachen, wie man einen solchen Mindset-Switch tatsächlich schaffen kann, war sie motiviert, es auszuprobieren. Weil ihr Glaubenssatz derart stark war, ließ ich herkömmliche Überschreibungsmethoden links liegen und empfahl ihr meine selbst kreierte Story-Technik, die eine vielfach stärkere Wirkung hat. Warum? Bei dieser

Methode arbeitet man anstelle von Worten mit Bildern. Das Unterbewusstsein, das der Speicher all unserer Glaubenssätze ist, kann bildliche Darstellungen bis zu 60 000 Mal schneller aufnehmen als Worte. Bereits sieben Tage nachdem Sabrina mit der Story-Methode gestartet hatte, merkte sie erste postive Veränderungen im Alltag. Das Mindset „Ich bin ein Glückspilz" zauberte ihr immer öfter ein Lächeln ins Gesicht, weswegen ihre Mitmenschen häufig zurücklächelten und ihr gegenüber äußerst zuvorkommend waren. Einiges ging ihr dadurch leichter von der Hand.

Nach etwa zwei Monaten schaffte sie endgültig den Durchbruch. Wie aus dem Nichts begann das Leben, sie zu beschenken. Ihr Ehemann überraschte sie mit einem romantischen Abendessen. Die Nachbarin bedankte sich mit einem Strauß Blumen für ihre Einkaufsunterstützung. Ihre Kinder wurden kooperativer. Die Schwiegermutter machte ihr immer seltener Probleme. Und ihr Boss lobte sie vermehrt und stellte ihr obendrein noch eine bessere Position in Aussicht.

DIE KRAFT DER BILDER

Nun möchtest du an dieser Stelle bestimmt wissen, wie diese effektive Story-Technik funktioniert. Dazu brauchst du zuerst einen besonders hartnäckigen Glaubenssatz, den du ein für alle Mal über Bord werfen möchtest. Womöglich fallen dir auf Anhieb mehrere ein. Wenn dem so ist, konzentriere dich vorerst auf den stärksten. Falls du noch etwas Inspiration oder Unterstützung bei der Auswahl brauchst, findest du unter folgendem Link ein Sammelsurium an negativen Glaubenssätzen: https://www.honigperlen.at/glaubenssaetze/

Nun aber zurück zur Story-Technik. Was passiert, wenn du an folgende Situation denkst? Ein Glücksmoment während deines letzten Urlaubs. Vermutlich ist bereits beim Lesen der

Worte vor deinem inneren Auge ein Bild entstanden. Gelesene und gedachte Worte – ob positiv oder negativ – verwandeln sich im Handumdrehen in Bilder. Diese innere Vorstellung, die man – bewusst angewandt – auch „Visualisierung" nennt, macht man sich nun bei der Story-Technik zunutze.

Das Vorgehen ist ganz ähnlich wie bei „Storys" auf Instagram oder Facebook: Dort postet man ein Foto oder ein Video und ergänzt es um weitere. Anschließend hat man eine Bildgeschichte mit unterschiedlichen Elementen ähnlich einer PowerPoint-Präsentation. Wenn ich mir solche Storys ansehe und eine dabei ist, die mir nicht gefällt, scrolle ich weiter und – schwups! – weg ist die Story und eine neue erscheint. Wenn mir eine Story hingegen sehr gut gefällt, klicke ich auf den Speicher-Button. Diese Geschichte kann ich mir dann so lange ansehen, wie ich möchte. Je länger und intensiver man Bilder betrachtet, desto mehr beginnt man sich damit zu identifizieren. Dadurch verstärkt sich die Kraft der Bilder auf unser Unterbewusstsein. Genau das ist der Segen der Bildgeschichten: Wir können bewusst darüber entscheiden, welche Storys langfristig in unserem Unterbewusstsein verweilen dürfen.

HONIGPERLEN TO GO
Story-Technik: Bilder sagen mehr als Worte
Mithilfe positiver Bildgeschichten lassen sich negative Glaubenssätze einfach überschreiben. Dreh deinen eigenen Film!

Die Vorbereitung
- Wähle einen deiner hartnäckigsten negativen Glaubenssätze aus aus und formuliere ihn in einen positiven um. Zum Beispiel: Statt „Ich bekomme im Leben nichts geschenkt" sagst du: „Das Leben beschenkt mich reich." Oder: „Ich nehme die Geschenke des Lebens jetzt in Empfang."

- Achte dabei darauf, dass du deine Sätze in der Gegenwart formulierst und keine Verneinungen verwendest.
- Berücksichtige, dass sich der neu formulierte positive Glaubenssatz für dich flüssig und stimmig anhört.
- Schließe deine Augen und lasse Bilder oder einen Film zu deinem positiven Glaubenssatz entstehen. Zum Beispiel: Du siehst, wie du dich über ein Geschenk des Lebens oder eine positive Überraschung richtig freust. Du lachst, springst in die Luft oder jubelst.
- Sieh dir diese Bilder ganz genau an. Beobachte dich selbst und versuche, dich richtig in die Situation hineinzufühlen.
- Spüre die positiven Emotionen, die dabei emporsteigen.
- Erweitere deine Story um ein bis drei Bilder oder Filme.

Die Fünf-Minuten-Technik

Anschließend kannst du die folgende Übung machen, die nicht mehr als fünf Minuten in Anspruch nimmt und sich leicht in deinen Alltag integrieren lässt.

- Schließe deine Augen und beobachte, welche Bilder entstehen, wenn du an deinen negativen Glaubenssatz denkst.
- Verweile nicht länger als 15 bis 20 Sekunden bei dieser Story. Danach scrolle weiter.
- Die nächste Story zeigt dir Bilder oder Filme zu deinem neuen positiven Glaubenssatz.
- Visualisiere, wie du nun auf den Speicher-Button drückst, und sieh dir die positive Story mindestens eine Minute an.
- Wiederhole diesen Prozess und achte darauf, dass du die Verweildauer bei der negativen Story verkürzt und bei der positiven Story verlängerst.
- Nach mehrmaliger Durchführung verlieren die erste Story und somit der negative Glaubenssatz an Kraft, während die positive Story immer stärker wird.

DIE WUNDEN PUNKTE

Unter wunden Punkten versteht man schlecht verarztete Verletzungen, die uns in der Vergangenheit zugefügt wurden und die jedes Mal, wenn ein Mensch ihren Kern trifft, erneut zu bluten beginnen. Da sie nur notdürftig geschlossen wurden und nicht ausreichend ausgeheilt sind, ist es für unsere Mitmenschen ein Leichtes, sie – bewusst oder unbewusst – wieder aufzureißen. Manchmal fühlt es sich sogar so an, als würde man das ursprüngliche Erlebnis, das dem Schmerz zugrunde liegt, erneut erleiden. Die meisten von uns kennen diesen Schmerz:

- das Gefühl der Eifersucht oder des Verlustes, das uns daran erinnert, dass wir einst verlassen, betrogen oder alleingelassen wurden,
- das Gefühl von geringer Wertschätzung, das uns daran erinnert, dass wir einst ausgeschlossen, gemobbt oder nicht genug geliebt wurden,
- das Gefühl, zurückgewiesen zu werden, das uns daran erinnert, dass wir einst für einen Menschen nicht wichtig genug waren,
- das Gefühl, nicht gut genug zu sein, das uns daran erinnert, dass wir einst als nutzlos oder dumm bezeichnet wurden,
- das Gefühl der Blamage, das uns daran erinnert, dass wir einst lächerlich gemacht oder bloßgestellt und mies behandelt wurden,
- oder das Gefühl, flüchten zu müssen, das uns daran erinnert, dass Flucht einst der einzige Weg war, um der qualvollen Situation zu entkommen.

Wunde Punkte können sich aber auch in einer völlig anderen Art, nämlich verpackt in Ärger und Wut, äußern, und zwar als…

- Menschen, die uns regelmäßig durch ihr Verhalten zur Weißglut treiben,
- Menschen, die durch ihre bloße Anwesenheit unseren Blutdruck steigen lassen,
- Freunde, Familienangehörige oder Kollegen, die uns ungefragt Ratschläge geben, an uns herumnörgeln oder uns mit ihrer Dominanz überfahren,
- Leute, die sich Dinge herausnehmen, die wir uns selbst niemals erlauben würden.

WAS DEN SCHMERZ WIEDER WECKT

So grausam diese Gefühle auch sein können und sosehr wir jene Menschen, die diese empfindlichen Knöpfe immer wieder drücken, situativ oder ganzheitlich verabscheuen – sie halten dennoch ein Geschenk für uns bereit. Bevor wir aber zu den Möglichkeiten kommen, die uns dabei helfen, das Geschenk der wunden Punkte entgegenzunehmen, erzähle ich die Geschichte von Sandra. Ihr Beispiel zeigt anschaulich, wie die Narben der Vergangenheit uns heute noch das Leben schwer machen können.

Sandra wuchs in einer Familie auf, in der es nicht Sitte war, offen über Gefühle oder Probleme zu sprechen. Trat dann dennoch ein Problem auf, so wurde dieses totgeschwiegen. Sandra erinnert sich nur allzu gut daran, als sie mit etwa fünf Jahren beim Spielen die neue Puppe ihrer Schwester beschädigte. Versehentlich war diese die Stiege hinuntergefallen und verlor dabei eine Hand. Ihr Vater hielt ihr die kaputte Puppe vorwurfsvoll vor ihr Gesicht und schüttelte enttäuscht den Kopf. Sandra wollte erklären, wie es zu dem Unfall gekommen war und dass es sich dabei keineswegs um Absicht gehandelt hatte, aber dazu hatte sie keine Gelegenheit. Ihr Vater verbot ihr das Wort und verließ anschließend ihr Zimmer. In den kommenden Tagen ignorierte Sandras Vater alles, was sie tat und sagte. Sie wünschte sich mittlerweile, er würde brüllen oder sie gar ohrfeigen, so schlimm erschien ihr sein konsequentes Schweigen. Die Ignoranz-Bestrafung behielt ihr Vater auch in den kommenden Jahren bei. Noch schlimmer wurde es, als Sandra einen kleinen Bruder bekam, der für eine ganze Weile Sandras Eltern komplett vereinnahmte. Immer öfter fühlte sie sich von ihren Eltern übersehen, überhört oder gar nicht wahrgenommen.

Deshalb ist Ignoranz bis heute eines der schlimmsten Dinge, die man Sandra antun kann. Dennoch vergeht kaum ein Tag, an dem nicht jemand versehentlich ihren wunden Punkt trifft. Zum Beispiel: Wenn der Nachbar sie beim Verlassen der Wohnung nicht grüßt. Wenn sie im Büro von ihrem Kollegen unterbrochen wird, so als wäre ihr Input nicht wichtig. Wenn ihre beste Freundin entscheidet, wie der Ausflug abläuft, ohne dabei nach Sandras Wünschen zu fragen. Wenn ihr Mann wieder einmal seinen Kopf so voll hat, dass er abends nicht danach fragt, wie ihr Tag war. Wenn sie in einer Runde sitzt und niemand der Anwesenden aktiv sein Wort an sie richtet.

Kaum jemand will Sandra etwas Böses und dennoch wird sie tagein, tagaus dank ihrer Mitmenschen an ihren Schmerz von damals erinnert. Ihr Fall zeigt klar und deutlich, welchen maßgeblichen Einfluss die wunden Punkte der Vergangenheit auf unser Leben im Hier und Jetzt nehmen können. Es wird aber auch offenbar, was es bedeutet, wenn wir es schaffen, die Verletzungen von damals ausreichend zu verarzten und auf diese Weise zu heilen. Denn dadurch befreien wir uns von unzähligen Begrenzungen. Die Angst vor Verletzungen und

Enttäuschungen bestimmt nicht länger unsere Entscheidungen und Taten. Sätze wie „Ich kann nicht anders, ich bin halt so" verlieren ihre Kraft. Wir beginnen, unsere Mitmenschen mit liebevollen Augen zu betrachten, anstatt sie als Gegner zu sehen. Wir durchblicken viele unserer Verhaltensmuster und generieren den Mut, sie zu ändern. Kurzum: Wir ebnen den Weg für ein Leben voller Leichtigkeit.

WIE ALTE WUNDEN HEILEN

Aber wie schaffen wir es, vergangene Verletzungen wirklich auszuheilen? Der erste Schritt dafür ist, sich seiner Verletzungen bewusst zu werden. Anschließend beobachtet man sich selbst dabei, wie man reagiert, wenn jemand diese Verletzung erneut aufreißt.

Zum Beispiel: Da ich als Kind viel allein war, hinterließ das bei mir eine unglaubliche Angst davor, erneut allein gelassen zu werden. Immer wenn mir eine Freundin spontan ein Treffen absagte oder ich mit meinem Partner einen Streit hatte, stieg die Angst wieder empor. Als ich mir darüber bewusst wurde, dass es sich dabei um einen getroffenen wunden Punkt handelt, begann ich, mich selbst zu beobachten. Ich fragte mich:

- Auf wen oder was reagiere ich?
- Wie reagiere ich?
- Wie fühlt sich das unangenehme Gefühl an?
- Wo in meinem Körper nehme ich das Gefühl wahr?

Anschließend begrüßte ich das unangenehme Gefühl ganz herzlich, in etwa so: „Hallo, du kleiner Fiesling. Da bist du ja wieder. Ich spüre dich, liebe Angst." Danach versuchte ich, mit dem Kern des wunden Punktes zu kommunizieren. Ich stellte mir folgende Fragen:

DIE WUNDEN PUNKTE

- Woher kommst du eigentlich?
- Was möchtest du von mir?
- Wie kann ich dir helfen? Was kann ich dir Gutes tun?
- Hast du eine Botschaft für mich?

Meist nimmt der Schmerz oder das unangenehme Gefühl durch diese bewusste Maßnahme, die zu mehr Klarheit führt und dadurch die Angst einbremst, bereits erheblich ab. Daher eignet sie sich sehr gut als situative Notfallmaßnahme.

Es ist aber auch in Ordnung, wenn das unangenehme Gefühl nicht gleich lockerlässt und man nicht sofort klare Antworten auf obige Fragen erhält. So oder so kann man schließlich noch einen Schritt weiter gehen und das wahre Bedürfnis, das sich hinter der Verletzung verbirgt, herausfinden. Am besten stellst du dir dabei vor, der wunde Punkt hätte eine Botschaft für dich. Es gibt vier Möglichkeiten:

- Wunde Punkte wollen uns auf etwas aufmerksam machen, das wir uns selbst noch nicht erlauben. Anstatt die Botschaft zu erkennen, ärgern wir uns oft über den anderen, der schamlos auslebt, was wir uns verwehren. Zum Beispiel: Sandras beste Freundin nimmt sich das Recht heraus, nach eigener Lust und Laune zu entscheiden, anstatt ihr Ausflugsprogramm mit anderen abzustimmen.
- Andere Menschen triggern uns, um uns zu zeigen, in welchen Bereichen wir uns noch weiterentwickeln dürfen. Zum Beispiel: Jemand ärgert sich über einen Menschen, der sich ständig in den Mittelpunkt drängt und dabei die eigene Arbeit als seine verkauft. Über kurz oder lang lernt er dadurch, auch einmal in den Mittelpunkt zu treten und öffentlich über seine Leistungen zu sprechen. Er wird selbstbewusster und extrovertierter.

- Wunde Punkte weisen uns auf tief sitzende Glaubenssätze hin, die noch gelöst werden wollen (siehe Seite 54).
- Sie zeigen uns auf, dass das Kind in uns noch immer weint und sich nach der heilsamen Umarmung unseres Erwachsenenselbst sehnt, um hartnäckige Glaubensmuster endlich loslassen zu können. Dazu mehr im nächsten Kapitel.

HONIGPERLEN TO GO
Wunde Punkte und ihre Botschaft
Mit den beiden folgenden Methoden kannst du herausfiltern, welche Botschaft deine wunden Punkte für dich haben.

1. Was erlaubt sich der Triggertäter?
Oftmals werden unsere Mitmenschen deshalb zu Triggertätern, weil sie etwas tun, das wir uns selbst nicht erlauben. Denk an Sandras beste Freundin. Um zu erfahren, welches Geschenk deine wunden Punkte bereithalten, beantwortest du am besten folgende Fragen:
- Welche Eigenschaften und Verhaltensweisen, die dich so wütend, traurig, eifersüchtig oder betroffen machen oder dich kränken, legt der Mensch, der dich triggert, an den Tag? Hier zum Beispiel Sandras Antwort: „Meine beste Freundin ist egoistisch, selbstsüchtig und ignorant."
- Bitte notiere deine Antworten, bevor du weiterliest.
- Was kann ein Mensch, der _____ (setze hier nun die oben niedergeschriebenen Eigenschaften und Verhaltensweisen ein) ist, im positiven Sinne besonders gut? Bitte nimm dazu eine neutrale Sichtweise ein. Beispiel Sandra: „Jemand, der egoistisch, selbstsüchtig und ignorant ist, kann seine eigenen Bedürfnisse erfüllen und gut auf sich selbst achten. Er mag sich selbst sehr gern und setzt sich an erste Stelle."

DIE WUNDEN PUNKTE

- Wie sieht es mit dir aus? Erlaubst du dir, _____ (setze hier die oben genannten positiven Eigenschaften ein) zu sein? Sandras Antwort: „Nein, genau das erlaube ich mir nicht."

Ein Mensch, der dich triggert, lädt dich regelrecht dazu ein, seine negativen Qualitäten im positiven Sinne zu leben. Du ärgerst dich deshalb so sehr über den anderen, weil er sich etwas erlaubt, das du dir selbst dein Leben lang verwehrt hast. Nimm diese Einladung an und versuche, die positive Qualität deines Triggertäters bewusst in dein Leben zu integrieren.

2. Was will dir der Triggertäter beibringen?

Stell dir vor, du sitzt in einer Runde, und der Mensch, der dich triggert, meldet sich zu Wort. Alle anderen bleiben ruhig und gelassen, während du innerlich aus der Haut fährst. Das Verhalten dieser Person triggert also scheinbar nur dich. Ähnlich wie bei Sandra. Jemand anders wäre vielleicht nicht gekränkt, wenn der erschöpfte Ehemann abends einmal nicht nach dem eigenen Wohlbefinden fragt. Genau diese Tatsache – nämlich dass andere Menschen derartige Triggerpunkte nicht haben – kannst du dir zunutze machen. Frage dich:

- Was denkt ein Mensch, dem das Verhalten deines Triggertäters nichts ausmacht, über sich selbst?
- An was glaubt dieser Mensch womöglich?
- Wie kommen die Worte oder das Verhalten des Triggertäters bei ihr oder ihm an?
- Was könnte der Grund dafür sein, dass ihr oder ihm sein Verhalten nichts ausmacht?
- Durch welche neuen Gedanken kannst auch du diese Fähigkeiten oder diese Haltung erlangen?

WENN DAS INNERE KIND NOCH IMMER WEINT

Als ich neulich mit meiner Freundin Marina und ihren zwei Mädels auf dem Spielplatz war, beobachtete ich eine Situation, die mich zum Nachdenken brachte. Ein in etwa vier Jahre alter Junge, der völlig vertieft im Sandkasten spielte, überhörte die Stimme seiner Mutter, die darauf drängte, nun endlich nach Hause gehen zu wollen. Genervt näherte sie sich der Sandkiste, um den kleinen Jonas erneut dazu aufzufordern, mit dem Spielen aufzuhören. „Ich will noch Sandburg bauen", jammerte der Junge. „Ich sag es dir jetzt zum letzten Mal: Entweder du kommst, oder ich lasse dich hier", brüllte die Mutter nun. Jonas Augen füllten sich mit Tränen. Er presste noch ein letztes „Neiiiiiiin" heraus, bevor er bitterlich zu weinen begann. „Mir ist das jetzt egal, zeigst du halt den anderen Leuten, dass du eine Heulsuse bist", blaffte seine Mutter, drehte sich um und ging tatsächlich. (Vermutlich nur bis zur nächsten Hausecke.)

Obwohl ich die Mutter von Jonas zum Teil verstehen konnte, schmerzte es mich, mit anzusehen, was für große Ängste Jonas ausstand. Sein Weinen wurde immer herzzerreißender, und schon bald bekam er kaum noch Luft. Glücklicherweise kam seine Mami dann doch zurück, um ihn abzuholen.

Was erscheint wie eine alltägliche Situation, die jeder von uns schon beobachtet hat, kann bei Kindern langfristige Narben verursachen. Fehlender Trost, nicht kindgerechte Strafen und auch andere Verhaltensmuster von Eltern, Großeltern oder anderen Wegbegleitern können dafür verantwortlich sein. Vor allem dann, wenn ein Kind nach einer – in seinem

Empfinden – dramatischen Situation allein gelassen wurde und weder eine Umarmung noch Verständnis bekam.

Damit möchte ich keinesfalls zum Ausdruck bringen, dass unsere Eltern und Großeltern eine böse Absicht hatten. Mit großer Wahrscheinlichkeit handelten sie nach ihrem besten Wissen und Gewissen. Bloß reichte das Wissen damals nicht so weit wie heute. In den letzten 70 Jahren bedeutete eine gute Erziehung vor allem, dass man sein Kind nicht verweichlichte. Viele hielten sich an den Lebensratgeber *Die deutsche Mutter und ihr erstes Kind* von Dr. Johanna Haarer (1900–1988). Er wurde über eine Million Mal verkauft und prägte viele Eltern in Bezug auf einen harten Umgang mit ihren Kindern. Wenn ein Kind Schmerz erlitt, hieß es dann nicht selten „Nun stell dich nicht so an" oder „Hab dich nicht so". Den wenigsten war damals bewusst, dass viele Dinge, die für uns Erwachsene halb so schlimm sind, in der Welt eines Kindes eine emotionale Katastrophe sein können. Das liegt nicht nur daran, dass Kinder ihre Umwelt ganz anders wahrnehmen als wir, sondern auch daran, dass Babys und Kleinkinder eine verminderte Fähigkeit haben, Gefühle zu verarbeiten. Überlässt man Kinder dann ohne Trost und Verständnis ihrem Schmerz oder fügt ihnen gar selbst unbeabsichtigt Verletzungen zu, führt das häufig zu einer toxischen Stressreaktion. Diese kann zu ungünstigen Veränderungen im Gehirn führen, wodurch das Stressempfinden bis ins Erwachsenenalter negativ beeinflusst wird. Außerdem brennen sich die Verletzungen und die Glaubenssätze, die wir daraus folgern, tief in die Kinderseele ein, sodass wir auch heute noch an die Wahrheit der schmerzhaften Worte oder des brutalen Verhaltens uns gegenüber glauben.

Kurzum bedeutet das: All die inneren Kinder in uns, die noch immer weinen, weil sie damals nicht ausreichend in den

All die inneren Kinder in uns, die noch immer weinen, weil sie damals nicht ausreichend in den Arm genommen wurden, beeinflussen noch heute unser Leben.

MELANIE

Arm genommen und getröstet wurden, beeinflussen noch heute unser Leben. Aber es gibt Wege, die es uns ermöglichen, das Weinen des inneren Kindes in uns zum Verebben zu bringen. Dadurch befreien wir nicht bloß das Kind in uns, sondern auch unsere Emotionen im Heute. Um die Theorie und deren Wirkung noch greifbarer zu machen, möchte ich dir eine Anekdote über die kleine Marie erzählen.

Es klingelt. Der letzte Schultag geht zu Ende. Endlich Sommerferien. Die neunjährige Marie trifft sich mit ihrer siebenjährigen Schwester Bianca vor der Schule. Tante Elsa holt die beiden dort ab. Stolz zeigt Bianca ihr Zeugnis der Tante. Die ist sichtlich angetan. Lauter Einser. Marie hält sich im Hintergrund. Schließlich will die Tante aber auch ihr Zeugnis sehen. Oje! Ein Dreier in Schreiben und Rechnen. Und das in der Volksschule! Tante Elsa schüttelt den Kopf. Später fahren sie zum Eisladen. Bianca darf sich drei Eiskugeln aussuchen. Als Marie dran ist, schüttelt die Tante wieder den Kopf. Schließlich kriegt sie doch eine Tüte, aber ohne Eis. „So ist das im Leben, Marie. Wenn man sich nicht anstrengt, kommt man zu nichts." An diesem Abend weint Marie sich in den Schlaf.

In Maries Kinderseele prägen sich aufgrund dieses Erlebnisses einige Narben ein. Zum einen liegt das daran, dass Marie – genau wie jedes andere Kind – das Verhalten von Erwachsenen, also ihrer Tante, nicht infrage stellt. Ihre Reaktion ist in Maries Augen richtig und wahr. Dadurch festigen sich bei Marie folgende Glaubenssätze und Muster:

- Ich bin nicht gut genug, obwohl ich mich anstrenge.
- Ich bin nur etwas wert, wenn ich etwas leiste und Erfolg habe. Um meiner selbst willen mag mich keiner.
- Ich werde mit meinem Schmerz alleingelassen. Niemand hilft mir. Niemand versteht mich.

Diese Glaubensmuster beeinflussen Maries Leben bis in ihr Erwachsenenalter hinein. Wenn ihr Ehemann beispielsweise wertschätzend von seiner Kollegin spricht, die ihren Job mit Leichtigkeit und hochprofessionell meistert, stockt Marie der Atem. Plötzlich fühlt sie sich nicht gut genug und ungeliebt. Sie reagiert unreflektiert, wie das neunjährige Kind von damals. Oder so, wie das neunjährige Kind gern reagiert hätte. Sie kämpft mit den Tränen, wirft ihrem Mann an den Kopf, dass er sie nicht liebt, oder verlässt tief verletzt den Raum. Man könnte sagen, Marie verwandelt sich in dieser Situation wieder in ein neunjähriges Kind. Aber warum? Wir leben von Liebe und Anerkennung. Und wenn wir diese nicht erhalten, können wir nicht wachsen. Die kleine Marie steht daher – bildhaft gesprochen – noch immer vor dem Eisladen und wünscht sich nur eins: endlich geliebt und angenommen zu werden, damit auch sie wachsen kann.

Wenn du auch so ein oder sogar mehrere unbefreite Kinder in dir trägst, dann wirst du dich jetzt bestimmt fragen, wie du heute – 20, 30 oder 40 Jahre später – dafür sorgen kannst, dass die kleinen Kinder in dir endlich erwachsen werden. Dafür habe ich dir eine wunderbare Methode mitgebracht.

HONIGPERLEN TO GO
Heile dein inneres Kind
Bevor du mit der Übung startest, überprüfe den Schweregrad deiner kindlichen Verletzung. Gerade wenn es sich um starke traumatische Erlebnisse handelt, die dein Leben bis heute sehr beeinträchtigen, sollest du professionelle Unterstützung in Betracht ziehen. Fühlst du dich aber wohl und mental stark genug, so kannst du die Reise auch allein antreten. Nimm dir dazu mindestens 20 Minuten Zeit.

- Welche Ereignisse in deiner Kindheit, die du als negativ oder schlimm empfunden hast, fallen dir ein? Notiere deine erste spontane Erinnerung. Vorerst genügen ein oder zwei Situationen. Versuche an dieser Stelle nicht, dich mit Biegen und Brechen an ein negatives Erlebnis zu erinnern. Das wäre kontraproduktiv.
- Lass die erste Erinnerung vor deinem inneren Auge entstehen. Nimm die Beobachterperspektive ein und sieh dir die Situation erstmals aus der Ferne an.
- Denke daran: Auch wenn der Auslöser für die negativen Gefühle des verletzten Kindes, das du jetzt beobachtest, vielleicht bloß ein nicht erhaltenes Eis oder eine schlechte Note war und dir vielleicht jetzt lächerlich erscheint – das Kind, das du damals warst, war tief getroffen.
- Frage dich nun, was dein kindliches Ich damals gebraucht hätte, damit es ihm besser gegangen wäre. Vielleicht eine Umarmung? Ein paar liebevolle Worte? Das Gefühl von Sicherheit? Zu wissen, dass es immer geliebt wird? Jemanden, der es beschützt, ihm zuhört und hinter ihm steht?
- Gehe nun noch einen Schritt weiter und beginne in deiner Vorstellung, mit dem Kind zu kommunizieren. Stelle ihm ein, zwei der obigen Fragen und vielleicht noch weitere, die dich interessieren.
- Und nun ergreife die Chance und gib diesem kleinen zauberhaften Wesen das, wonach es sich am meisten sehnt. Zum Beispiel: Nimm die Kleine oder den Kleinen in den Arm. Flüstere ihr/ihm zu, wie sehr du sie/ihn liebst. Oder sage ihr/ihm, wie großartig du sie/ihn findest.
- Idealerweise wiederholst du diese Übung so oft, bis sich das Kind in dir tatsächlich so sehr geliebt fühlt, dass es wieder wachsen kann. Zum Beispiel einmal in der Woche über die nächsten zwei Monate hinweg.

Sackgasse: Kein Weiterkommen

„Heute schon gelebt?" Eine eigenartige Frage, die mir neulich nach der Arbeit während der U-Bahn-Fahrt nach Hause plötzlich durch den Kopf ging. Bevor ich die Frage für mich beantworten konnte, vereinnahmten die anderen Fahrgäste meine Aufmerksamkeit. Ich blickte in erschöpfte, hoch konzentrierte und teilweise auch melancholische Gesichter. Einer der Passagiere hatte seine Stirn in tiefe Falten gelegt und seine Wut war für mich förmlich spürbar. Eine Frau atmete mehrmals tief durch, in etwa so, als wolle sie alles, was heute bisher geschehen war, hinter sich lassen.

Natürlich konnte ich ihre Gedanken nicht lesen, aber ich hatte das Gefühl, die meisten der Fahrgäste hätten die Frage „Heute schon gelebt?" mit Nein beantwortet. Denn lange Arbeitstage, alltägliche Herausforderungen, herbe Rückschläge, familiäre Probleme oder Dauerstress machen es uns manchmal schwer, ein erfülltes Leben zu führen.

Zwar lesen wir überall kluge Sprüche, die beispielsweise lauten: „Tue jeden Tag etwas für deine Träume", „Lebe heute so, als sei es dein letzter Tag" oder „Lebe das Leben, das du dir wünschst". Aber Anleitungen dafür, wie man diese Leitsprüche mit der Realität verknüpft, gibt es leider kaum. Das hat natürlich auch damit zu tun, dass jeder von uns eine andere Vorstellung von einem glücklichen Leben hat und außerdem sein ganz persönliches Päckchen mit sich herumschleppt.

So kann es nun geschehen, dass derartige Motivationssprüche sogar eine frustrierende Auswirkung auf uns haben. Denn sie geben uns zu verstehen, dass wir das Beste aus unserem Leben machen, unsere Wünsche in die Realität umsetzen und jeden Tag aktiv für unser Glück nutzen sollen. Fühlt sich das eigene Leben aber wie eine Dauerschleife an, aus der man aufgrund von verschiedenen Faktoren wie Zeitmangel, Rou-

SACKGASSE: KEIN WEITERKOMMEN

tinen und Hindernissen aller Art nicht ausbrechen kann, kann meine Einstiegsfrage ein schmerzliches Gefühl auslösen.

Jeder von uns hat Sehnsüchte und Träume und wünscht sich ein erfülltes Leben. Oftmals aber katapultieren uns die Erfordernisse des Berufs- und Familienlebens, unsere Pflichten und Aufgaben sowie persönliche Probleme in eine Sackgasse, aus der es scheinbar keinen Ausweg gibt. Stellen wir dann fest, dass…

- ein Tag in unserem Leben dem anderen immer mehr gleicht,
- wir kaum noch Zeit für uns selbst haben,
- unsere Erwartungen und Sehnsüchte ohnehin nicht erfüllt werden,
- wir immer wieder mit denselben Problemen zu kämpfen haben,
- unsere Träume zu blassen Erinnerungen werden,
- wir unsere Ziele aus Zeit- und Energiemangel immer wieder aufschieben,
- Aufgaben, Pflichten und Gewohnheiten uns fest im Griff haben,

so sind das eindeutige Indizien dafür, dass unser Karren, den wir für eine angenehme Lebensreise voller Begeisterung und Freude benötigen, feststeckt.

Die gute Nachricht daran ist, dass wir mit diesem Problem nicht allein sind und dass man den Karren mit ein paar bewussten Veränderungen schnell wieder in Gang bringen kann. In den folgenden Kapiteln geht es darum, aus der Gewohnheitsfalle auszubrechen, positive Neuerungen zu initiieren und offene Wünsche sowie Ziele, die schon lange auf unserer „Bestellliste" stehen, endlich anzupacken.

DIE GEWOHNHEITSFALLE

„Du bist ein gewöhnlicher, lieber Mensch", sagte eine Teilnehmerin bei der Feedbackrunde während meiner ersten Trainerausbildung vor vielen Jahren zu mir. An ihre weiteren Worte kann ich mich nicht mehr erinnern, denn ich war nach diesem Satz zutiefst gekränkt. Wie konnte jemand behaupten, ich sei „gewöhnlich"? Und wie sollte ich das nicht als Beleidigung auffassen? Ähnlich wie die meisten Menschen setzte ich das Wort „gewöhnlich" mit Qualitäten wie langweilig und uninteressant gleich. Deshalb juckte mich das Urteil meiner Kollegin so sehr, dass ich mir selbst in den darauffolgenden Wochen auf Biegen und Brechen beweisen wollte, dass ich alles andere als gewöhnlich sei. Ich wählte jeden Tag ein anderes Mittagslokal, variierte meine Sporteinheiten, besuchte unterschiedlichste Veranstaltungen und verabredete mich anstatt mit Freunden mit möglichst vielen ungewöhnlichen Menschen. Nach ein paar Wochen war ich völlig erledigt. Ich fühlte mich gestresst und ausgelaugt. Aber warum?

Wir Menschen brauchen Gewohnheiten. Sie geben uns Sicherheit und Geborgenheit und dienen außerdem der Entspannung. Ohne Gewohnheiten wäre unser Gehirn permanent überfordert. Wir müssten dann beispielsweise beim Zähneputzen mehrere Hundert bewusste Intentionsgedanken erzeugen: „Jetzt auf die Tube drücken – dann die Paste auf die Bürste geben – nun Wasser darüberlaufen lassen – die Bürste auf und ab bewegen, auf und ab, auf und ab…" Das wäre ziemlich anstrengend. Glücklicherweise ist unser Gehirn dazu imstande, wiederkehrende Abläufe abzuspeichern und diese bei Bedarf wieder abzurufen. Deshalb müssen wir dann beim Zähneputzen nicht jeden Schritt bewusst steuern. Gewohnheiten haben also durchaus einige Vorteile. Und ich kann bestätigen, dass ich, als ich meine Routinen wieder aufnahm, schlagartig entspannter und glücklicher wurde.

Zu verleugnen ist aber auch nicht, dass es unzählige negative Gewohnheiten gibt, die wir uns im Laufe unseres Lebens aneignen. Beispielsweise negatives Denken, Rauchen, ungesundes Essen, Zwänge, schädliche Verhaltensweisen und Süchte aller Art. Solche Gewohnheiten können unser Leben ziemlich sabotieren. Außerdem ist eine Überdosis an Gewohnheiten – egal, ob diese nun positiv oder negativ sind – einer der Hauptgründe für Unzufriedenheit. Früher oder später aber tappen die meisten von uns in die sogenannte Gewohnheitsfalle. Das bedeutet, ihr Leben wird zu einer Aneinanderreihung von Routinen, die fortwährend dieselben Ergebnisse und somit äußerst wenig Veränderungen, positive Überraschungen und Abenteuer nach sich ziehen.

> *„Die Definition von Wahnsinn ist es,*
> *immer dasselbe zu tun und*
> *dabei andere Ergebnisse zu erwarten."*
>
> *Albert Einstein*

Ich denke dabei auch gern an meinen Lieblingswein. Wenn ich mir ein Gläschen davon gönne, fühle ich mich entspannt und beschwingt. Der Gewohnheitsfanatiker in mir neigt dazu, nach mehr zu verlangen. Höre ich auf ihn, bin ich vorerst zwar noch erheitert, aber am nächsten Tag brummt mir der Kopf und ich fühle mich gar nicht mehr so gut. Ähnlich verhält es sich mit Gewohnheiten. Wenn ein Tag im Leben dem anderen gleicht, so führt das langfristig dazu, dass sich die Produktion von Glücksgefühlen verringert. Kennzeichen dafür, dass man in der Gewohnheitsfalle sitzt, sind beispielsweise:

- innere Leere,
- der Satz „In meinem Leben passiert nie etwas",
- Unzufriedenheit mit sich selbst und der Entwicklung seines Lebens,
- das fehlende Gefühl von Begeisterung,
- die gelegentliche Sehnsucht danach, jemand anderer zu sein,
- das Gefühl, anderen kaum etwas Interessantes erzählen zu können,
- keine Vorfreude,
- wenig Antworten auf die Frage „Was macht mich glücklich?",
- Angst vor Veränderungen,
- Angst davor, selbst etwas zu verändern,
- wenig Wünsche und Ziele,
- das Gefühl, das Leben sei eine Dauerschleife,
- zu viel Routine, zum Beispiel immer dieselben Reisedomizile, Unternehmungen, Sportarten, TV-Sendungen, Buchrubriken, Gesprächspartner, Restaurants, Morgen- und Abendroutinen oder Zeitschriften.

Treffen einige der obigen Punkte auf dich zu und bist du außerdem nicht zufrieden mit deinem Leben, kann das an einem Zuviel an Routinen liegen. Um regelmäßig Glücksgefühle zu entfachen, brauchen wir nämlich die richtige Mischung aus Veränderung und Gewohnheit. Erst die Abwechslung macht es möglich, sich sowohl auf entspannte Abende zu Hause als auch auf ausgefallene Unternehmungen zu freuen.

DIE GEWOHNHEITSFALLE

Das gilt natürlich auch für routinierte Verhaltensweisen. Der Mensch hat die Fähigkeit, sich bis ins hohe Alter immer wieder zu verändern. Wandelt man sich selbst, indem man sich beispielsweise neue positive Gewohnheiten aneignet oder persönlich weiterentwickelt, führt das dazu, dass sich auch die Dinge im Außen ändern. Plötzlich ergeben sich neue Möglichkeiten. Wir lernen spannende Menschen kennen, die uns inspirieren oder vorwärtsbringen, wir entdecken interessante Weiterbildungsfelder, Hobbys oder Aktivitäten und wir stoßen auf brachliegendes Potenzial in uns, das uns dazu motiviert, neue Wege einzuschlagen.

Kommen wir nun zu dir. Wie sehr wird dein Leben aktuell von Gewohnheiten bestimmt? Bist du eher ein beständiger und ein routinierter Mensch? Trifft die eine oder andere Auswirkung der Gewohnheitsfalle auf dich zu? Oder hältst du dich eher für einen Abenteurer – also für jemanden, der Veränderungen und besondere Unternehmungen begrüßt?

Am besten beantwortest du diese Fragen, indem du intuitiv angibst, wie viel Prozent von vollen 100 Prozent du in deinem Leben mit

a) Routinen und Gewohnheiten und
b) Veränderungen und außergewöhnlichen Unternehmungen verbringst.

Egal, wie dein Ergebnis lautet – in jedem Fall verbirgt sich dahinter ein Geschenk für dich. Entweder kannst du durch die Einführung von gesunden und der Gelassenheit förderlichen Maßnahmen dein Leben um einen Tick entspannter und erfüllter werden lassen. Oder aber du machst es dir zur Aufgabe, einige Routinen und Gewohnheiten zu durchbrechen, und entdeckst dadurch neue Möglichkeiten, um dein Potenzial zu nutzen oder Lebensfreude zu entfachen.

HONIGPERLEN TO GO
Erkenntnisgeschenke für dich

Je nach Ergebnis hast du mehrere Möglichkeiten, um den Mix aus Abenteuer und Routine sowie Veränderung und Beständigkeit in deinem Leben zu optimieren. Als Inspiration zeige ich dir zwei effektive mentale Methoden, die dich dabei unterstützen können.

1. Gewohnheiten optimieren

- Hast du eine oder mehrere Gewohnheiten, die du eigentlich nicht leiden kannst? Zum Beispiel immer Ja zu sagen, bei Komplimenten rot zu werden, dich selbst klein zu machen, jeden Abend Schokolade zu essen …
- Wähle ein Muster oder eine Gewohnheit aus, die du hinter dir lassen möchtest.
- Da es nicht einfach ist, sich von einer langjährigen Gewohnheit zu trennen, ersetzt man diese am besten durch eine positive. Beispiel: Du möchtest mit dem Rauchen aufhören. Jedes Mal, wenn du Lust auf eine Zigarette bekommst, massierst du dir stattdessen deinen Nacken. Oder: Jedes Mal, wenn du Gefahr läufst, dich selbst wieder klein zu machen, schließt du deine Augen und stellst dir bildlich vor, wie du – ähnlich wie ein Baum – über dich selbst hinauswächst. Überlege dir deine persönliche positive Ersatzgewohnheit.
- Beschäftige dich die ersten 21 Tage täglich ein paar Minuten mit deiner neuen Gewohnheit. Unser Unterbewusstsein braucht anfangs zusätzliche Trainingszeit, um Neues speichern zu können. Du kannst dir dazu zum Beispiel eine Affirmation kreieren – also einen positiven Satz, der dich in deinem Vorhaben bestärkt –, die du dir täglich laut oder in Gedanken vorsagst.

2. Routine durchbrechen

Du hast erkannt, dass du eher ein Gewohnheitsmensch bist, und möchtest daher das Abenteuer in dein Leben einladen. Dann verwende die folgende Checkliste:

- Gestalte einen Anti-Routine-Tag. An diesem Tag versuchst du, wirklich alles anders zu machen. Frühstücke auswärts statt zu Hause. Gehe die Treppe rückwärts hinauf. Nimm einen anderen Weg in die Arbeit. Kleide dich außergewöhnlich. Höre Musik, die du sonst nie hörst. Unternimm etwas, das du noch nie zuvor gemacht hast. Diese Maßnahmen bringen dein Bewusstsein auf Hochtouren.
- Erobere deine Begeisterung zurück! Nimm dir eine Woche dafür Zeit, dir ein neues Interessenfeld auszusuchen. Das kann ein Sport-, Poledance- oder Kartenlegekurs sein. Eine Weiterbildung, die Planung einer besonderen Reise, ein ehrenamtliches Engagement oder ein Bastelprojekt.
- Verwandle nach dem oben beschriebenen Prinzip mindestens eine negative Gewohnheit in eine positive.
- Lass dich auf Abenteuer ein! Überlege dir für die nächsten sechs Monate mindestens drei Abenteuer, die du erleben möchtest. Wenn du es beim Gedanken an ein Abenteuer mit der Angst zu tun bekommst, dann ist es jetzt erst recht an der Zeit dafür. Beispiele: Städtetrips, Heißluftballon fahren, auf ein Konzert gehen, die Sommerrodelbahn runtersausen, ein Motivationsseminar belegen, Disneyland besuchen, per Flying Fox bergab schweben, einen Tauchkurs machen oder eine Party schmeißen …
- Lege dir ein Change-Tagebuch an. Notiere darin all deine Erfolge in Bezug auf deine veränderten Gewohnheiten. In welchen Situationen hast du es geschafft, die Routine zu durchbrechen? Überlege dir nach ein paar Wochen auch, inwiefern du dich selbst positiv verändert hast.

WENN DIR EINFACH NICHT GELINGT, WAS DU WILLST

Wer kennt das nicht? Wünsche, Ziele oder geplante Veränderungen, die sich einfach nicht verwirklichen wollen. Immer wieder landen sie auf unseren Neujahrsvorsatz- und Wunschlisten. Aber vergebens! Obwohl wir schon vieles probiert haben, hat sich ihre Erfüllung bis heute noch nicht eingestellt. Derart verflixte Wünsche können völlig unterschiedlicher Natur sein. Zum Beispiel: einen besseren Job finden, die Liebe in der Partnerschaft neu entfachen, fünf Kilo abnehmen, mit einem Herzensprojekt endlich durchstarten, ein Buch schreiben, eine Ausbildung abschließen, eine Sprache erlernen, Erfolg mit dem eigenen Business haben, mehr Geld verdienen…

Bei Zielen solcher Art nehmen wir oft an, dass es unsere Schuld ist, sie noch nicht erreicht zu haben. Womöglich waren wir nicht diszipliniert, selbstbewusst oder ausdauernd genug. Oder wir fragen uns: Warum schaffen es andere, aber ich nicht? Selten erhalten wir darauf eine hilfreiche Antwort. Im Gegenteil. Meist fühlen wir uns durch die selbstkritisierende Grübelei nur noch mieser. Daher schlage ich bei derart festgefahrenen Situationen folgenden Perspektivenwechsel vor:

Es liegt nicht an dir,
sondern entweder am Ziel selbst oder
an den Mitteln, mit denen du versuchst,
dieses Ziel zu erreichen.

Melanie

Was ich damit meine? Stelle dir Folgendes vor: Du willst unbedingt nach Südtirol. Schon lange hegst du diesen Wunsch. Nun machst du dich auf den Weg. Nach einer Woche bist du immer noch nicht angekommen. Woran kann das liegen? Entweder hast du dich aufs Fahrrad oder in den Regionalbus statt in den Schnellzug gesetzt und bist daher immer noch unterwegs. Oder du hast dich an einem anderen Ort verzettelt, weil es dir dort auch gefällt und dir Südtirol plötzlich nicht mehr so wichtig ist. Kurzum: Schuld am Nichterreichen des Zieles waren entweder die falschen Transfermittel oder die gesunkene Begeisterung für das Reiseziel.

Auf deinen Wunsch oder dein Ziel übertragen bedeutet das, dass folgende Verhinderungsfaktoren vorliegen können:

1. DIE FALSCHEN MITTEL

Womöglich hast du bisher immer dieselben Methoden angewandt, um an dein Ziel zu kommen. Vielleicht waren es aber nicht die richtigen für dich.

Zum Beispiel: Mein guter Freund Marc hat seit ewigen Zeiten das Ziel, fitter und muskulöser zu werden. Bisher hat er jedes Jahr aufs Neue einen Vertrag im Fitnesscenter abgeschlossen. Es dauerte nicht lange, und seine anfängliche Motivation verflog, was zur Folge hatte, dass er die Monatsgebühr im Center zwar brav weiterzahlte, sich dort aber nicht mehr blicken ließ. Im letzten Jahr änderte Marc seine Taktik. Er recherchierte nach einer Sportart, die ganzheitliches Muskeltraining integriert, und stieß so auf einen Boxklub. Das Boxtraining, das auch mentale Aspekte berücksichtigt, begeistert Marc in jeglicher Hinsicht. Mitte des letzten Jahres konnte er dadurch sein Ziel erreichen.

Oder Anna: Bei ihr läuft es in der Beziehung seit einiger Zeit nicht mehr allzu gut. Der Alltagstrott hat sich eingeschlichen und die Motivation, etwas daran zu verändern, ist niedrig. Annas Vorgehensweise bisher war, ihrem Mann Vorwürfe zu machen und ihn außerdem mit Erwartungen zu konfrontieren. Wie ihr euch vorstellen könnt, hat das nur mäßigen Erfolg gebracht und sogar noch weitere Streitigkeiten ausgelöst. Getreu dem Motto „Wenn etwas funktioniert, mache mehr davon, wenn nicht, mache etwas anders" könnte Anna nun ihre Strategie wechseln. Beispielsweise kann sie sich Tipps von einem Experten holen oder sie versucht es mit einer anderen Kommunikationsstrategie. Das Buch *Die fünf Sprachen der Liebe* sowie Methoden aus der gewaltfreien Kommunikation könnten sie dabei unterstützen.

Alternative Mittel und Wege sind häufig die Lösung für festgefahrene Situationen oder Ziele mit Sackgassentendenz.

2. DAS FALSCHE ZIEL ODER DER FALSCHE WUNSCH

Ebenso kann es sein, dass dein Ziel oder dein Wunsch gar nicht zu dir passt. Möglicherweise handelt es sich um etwas, das dir von anderen auferlegt wurde. Beispielsweise um einen gesellschaftlichen Standard, einen medialen Gruppenzwang, eine Anforderung deiner Familie oder ein Statusziel. Oder aber dein Wunsch ist veraltet und entspricht dir einfach nicht mehr. Wenn es sich nämlich um einen Herzenswunsch handelt, so lässt dieser meist eine derart große Begeisterung und Vorfreude entstehen, dass wir selbst große Hindernisse meistern können. Bei solch einem Wunsch verzetteln sich die wenigsten. Dazu erzähle ich im Kapitel „Träume: Die Geschichten in dir" noch mehr.

So oder so – eine Sackgasse hat eindeutige Botschaften für uns. Wenn wir aufhören, sie zu ignorieren, können wir ihr Geschenk entdecken, das darin besteht, uns ohne Umschweife darauf hinzuweisen, dass wir schnellstmöglich die Mittel oder das Ziel ändern sollten, um unser Glück zu finden.

Genau eine solche Sackgasse führte mich vor etwa zwei Jahren auf meinen Autorenweg. Eine Zeit lang in meinem Leben dachte ich, ich könne nur dann erfolgreich werden, wenn ich möglichst viele Ausbildungen abschließen und Diplome sammeln würde. So absolvierte ich neben meiner Vollzeitbeschäftigung knappe zehn Jahre eine Abendschule nach der anderen. Zum beruflichen Erfolg verhalfen mir die erlangten Zertifikate und Diplome nur marginal. Stattdessen führte die Doppelbelastung dazu, dass ich mich immer öfter ausgelaugt fühlte und antriebslos war.

Die letzte dieser Ausbildungen war derart kräfteraubend, dass ich mich jeden Abend dazu zwingen musste, die Bücher zu wälzen. Schließlich fiel ich dann auch noch das erste Mal in meinem Leben bei einer Prüfung durch. Da erkannte ich die Botschaft: Diese Ausbildung war nichts für mich! Sie bereitete mir weder Freude noch stimulierte sie meine Interessenssensoren. Also hängte ich sie an den Nagel und hatte dadurch endlich wieder Freizeit, die ich seither immer öfter damit verbringe, meiner größten Leidenschaft, dem Schreiben, nachzukommen.

3. SACKGASSE: DIE CO-FAKTOREN

Natürlich gibt es auch noch ein paar weitere Faktoren, die mit ein Grund dafür sein können, dass wir etwas, das wir uns wünschen, nicht erreichen:

- Unsere Mitmenschen: Meist möchte unser Umfeld nicht, dass wir uns verändern. Die Menschen um uns herum haben sich an uns gewöhnt, und das ist bequem. Eine

Veränderung unserer Haltung oder unserer Handlungen erscheint manchen von ihnen als Bedrohung, vor allem dann, wenn auch sie selbst davon betroffen sind. Nicht selten halten uns unsere Mitmenschen – bewusst oder unbewusst – davon ab, neue Wege einzuschlagen oder aus Gewohnheiten auszubrechen.

- Zeitknappheit: Zwischen 70 und 90 Prozent unserer Zeit, in der wir wach sind, sind wir werktags mit Arbeit, Aufgaben im Haushalt, Pflichtterminen, Kochen, Kinderbetreuung, Körperhygiene oder Verabredungen beschäftigt. Das bedeutet: Für das relativ aufwendige Projekt „Wünsche und Ziele" bleibt kaum Zeit.
- Veränderung ist anstrengend: Abgesehen von der Zeit benötigen wir auch Disziplin, vor allem anfangs. Wie bereits erwähnt, dauert es eine Weile, bis sich neue Gewohnheiten automatisieren. Erst dann werden die Schritte zur Wunsch- oder Zielerreichung einfacher. Weil wir um diese Anstrengungen wissen, scheitern wir oft schon zu Beginn. Der sogenannte innere Schweinehund hält uns dann entweder auf der Couch oder eben in alten Gewohnheiten fest.

Kommt einer dieser Co-Faktoren auch bei dir zum Tragen? Falls ja, markiere ihn. In der Honigperlen-to-go-Übung findest du eine Wegweiser-Checkliste, die dich dabei unterstützt, Sackgassen zu verlassen und das Tempo wieder zu erhöhen.

HONIGPERLEN TO GO
Checkliste: Wege aus der Sackgasse
- Halte die gewünschte Veränderung oder dein Ziel fest! Schließe dafür am besten einen Vertrag mit dir selbst ab. Alles, was wir aufschreiben, prägt sich besser in unser Unterbewusstsein ein.
- Werde dir darüber bewusst, ob der Wunsch oder das Ziel dein Herz tatsächlich vor Freude hüpfen lässt. Das überprüfst du, indem du die Augen schließt und an die Erfüllung deines Wunsches beziehungsweise das Erreichen deines Zieles denkst. Wie stark ist die Emotion? Erfüllt sie dich von Kopf bis Fuß mit Freude? Bewerte deine Vorfreude auf einer Skala von 1 bis 100, wobei 100 für absolute Vorfreude steht. Falls dein Ergebnis unter 50 liegt, nimm deinen Mut zusammen und wirf diesen Wunsch über Bord. Noch mehr Impulse dazu findest du im Kapitel „Träume: Die Geschichten in dir".
- Nimm dir den Satz „Wenn etwas funktioniert, mache mehr davon, wenn nicht, mache etwas anders" zu Herzen. Überdenke deine bisherigen Herangehensweisen und finde alternative Maßnahmen, die dir dabei helfen, dein Ziel zu erreichen oder deinen Wunsch wahr werden zu lassen.
- Vereinbare einmal wöchentlich einen Termin mit dir selbst. Nutze die Zeit, um dein Ziel sowie die nächsten Schritte zu konkretisieren. Check- und To-do-Listen können dabei hilfreich sein.
- Erzähle deinem Umfeld vorerst nichts von deinem Vorhaben. So kann dich niemand frühzeitig ausbremsen. Natürlich spricht nichts dagegen, dass du eine Person einweihst, von der du weißt, dass sie dich 100-prozentig unterstützt.

UNERFÜLLTE ERWARTUNGEN

„Ab heute erwarte ich einfach gar nichts mehr", sagte meine Klientin Sieglinde fest entschlossen. Der Frust stand ihr ins Gesicht geschrieben. Während sie vor ein paar Wochen noch davon überzeugt war, dass man ihr die Leitung der Marketingabteilung, in der sie nun schon sieben Jahre tätig war, anbot, kämpfte sie nun mit einer herben Enttäuschung. Eine jüngere Kollegin mit wesentlich weniger Erfahrung erhielt ihren Wunschposten. Als wäre das nicht genug, lief auch der lang ersehnte Urlaub nicht wie geplant. Das Hotel entsprach keineswegs den Bildern auf der Website, die bei Sieglinde so viel Vorfreude entfacht hatten.

Aber das war noch nicht das Schlimmste an der misslungenen Reise. Für den Super-GAU an Enttäuschungen sorgte schließlich ihr Partner Jörg. Er kümmerte sich im Vorfeld um nichts, sodass sie – auf Gran Canaria angekommen – weder einen Reiseführer noch ein Mietauto hatten. Und Sieglindes Hoffnung, Jörg würde sich durch etwas Entspannung wieder in einen Kavalier verwandeln und ihren Worten und Anliegen achtsam lauschen oder sie mit Zärtlichkeiten überhäufen, starb auch recht schnell. Ihr Partner glänzte die meiste Zeit mit geistiger Abwesenheit und schlief laut Sieglindes Angaben mindestens 14 Stunden täglich. Kein Wunder, dass Sieglinde nach dieser Aneinanderreihung von unerfüllten Erwartungen enttäuscht war.

Die meisten von uns kennen dieses schmerzhafte Gefühl. Meist entsteht es, wenn wir kleine oder große Wünsche sowie die Erfüllung unserer Bedürfnisse auf andere Menschen projizieren. Die Topkandidaten dafür sind all jene Personen, die uns besonders nahestehen. Beispiele für derartige Erwartungen sind:

- Wir erwarten, dass uns der Partner auf eine bestimmte Art und Weise behandelt, damit wir uns wertgeschätzt und geliebt fühlen.
- Wir erwarten Unterstützung durch unsere Familie. Vor allem in schwierigen Zeiten.
- Wir erwarten von geliebten Menschen zu Festtagen Glückwünsche und Geschenke.
- Wir erwarten, dass der Partner in gewissen Situationen zwischen den Zeilen liest.
- Wir erwarten, dass die beste Freundin für uns da ist, wenn es Stress gibt.
- Wir erwarten Bestätigung und Wertschätzung für unsere Leistungen.
- Wir erwarten Belohnungen für außergewöhnliche Erfolge.
- Wir erwarten, dass sich unsere Kinder dankbar zeigen.
- Wir erwarten Komplimente, wenn wir uns hübsch machen.
- Wir erwarten, dass jemand für uns da ist, wenn es uns schlecht geht.
- Wir erwarten, dass der Lebenspartner unsere Lebenswünsche erfüllt.

Das einfachste Rezept dafür, sich den Schmerz der unerfüllten Erwartungen zu ersparen, wäre einfach, nichts mehr zu erwarten. Anstatt herber Enttäuschungen gäbe es dann nur noch positive Überraschungen. Aber ganz so einfach ist das nicht, denn Erwartungen sind ein wesentlicher Bestandteil unseres Lebens. Jede vorausschauende Vermutung, jede Annahme und jede Hoffnung haben die Neigung dazu, sich zu einem

Wunsch oder zu einer Sehnsucht zu entwickeln. Generell keine Erwartungen mehr zu haben, würde also auch bedeuten, wunschlos zu sein. Ohne Wünsche und Träume würde unserem Leben aber schnell der Zauber fehlen. Zumal sich nicht nur Wünsche, sondern auch grundsätzliche menschliche Bedürfnisse in Erwartungen verwandeln können. Kurzum: Erwartungen sind unumgänglich.

Und das ist auch gut so, denn Erwartungen können ganz schön hilfreich für uns sein. Vor allem jene, bei denen wir unsere Wünsche und Bedürfnisse auf andere projizieren, liefern uns wichtige Indizien dafür, wie wir Enttäuschungen verhindern oder zu hohe Erwartungen ablegen und dabei auch noch selbstbestimmter werden können. Denn genau das ist oft das Problem mit Erwartungen, die wir an andere stellen: Wir machen unser Glück, unsere Freude und unser Selbstwertgefühl von ihnen abhängig und werden so zu Opfern äußerer Umstände – zu Ausgelieferten! Aber keine Sorge, natürlich kann man auch aus Erwartungen und bittern Enttäuschungen süße Erkenntnisse schöpfen, die das Leben erleichtern.

1. DO IT YOURSELF

Viele unserer Erwartungen gehen mit unseren Bedürfnissen und unserem Wohlbefinden einher. Wenn wir beispielsweise seelisch angeknackst sind, uns nicht besonders gut in unserer Haut fühlen oder gar Selbstzweifel hegen, so erwarten wir von unseren Mitmenschen meist eine ganz besondere Pflege. Sie sollen uns zuhören, uns ihre Aufmerksamkeit schenken oder besonders verständnis- und liebevoll sein. Wir wünschen uns, dass sie dadurch maßgebliche Bedürfnisse in uns stillen wie nach Liebe, Geborgenheit oder Trost. Bei anderer Gelegenheit sehnen wir uns vielleicht nach Anerkennung, weil wir

Erwartungen liefern uns wichtige Indizien dafür, wie wir Enttäuschungen verhindern, zu hohe Ansprüche ablegen und dabei selbstbestimmter werden können.

MELANIE

etwas Besonderes geleistet haben. Auch in diesem Fall erwarten wir das Engagement unserer Liebsten. Zeigen diese aber zu wenig Anteilnahme oder ignorieren unsere Bedürfnisse sogar, endet das nicht selten in einem Desaster. Enttäuschung macht sich breit.

Das muss nicht so sein. Derartige Erwartungen zeigen uns bei genauerer Betrachtung klipp und klar, was wir brauchen. Nachdem wir herausgefunden haben, um welche Qualität es sich dabei handelt, können wir uns diese einfach selbst schenken. Wenn ich beispielsweise angeschlagen bin und merke, wie selbst kleine Hürden die Selbstzweifel-Monster in mir wecken, verordne ich mir eine Portion Anerkennung. Zuerst umarme ich mich dabei selbst und dann widme ich mich einer mentalen Übung, die mein Vertrauen in mich wieder stärkt. Dazu notiere ich mir zum Beispiel all meine bisherigen Erfolge oder aber ich besinne mich auf meine Stärken. Anschließend gönne ich mir vielleicht noch eine Selbstliebe-Meditation oder ich tue etwas, das mir besondere Freude bereitet und mich von innen heraus wieder aufbaut.

Das Bedürfnis nach Anerkennung kann ich dadurch sehr rasch stillen und – schwups! – schon bin ich nicht mehr abhängig von der Gunst meiner Mitmenschen, die vielleicht auch gerade mit ihren eigenen unerfüllten Bedürfnissen zu kämpfen haben. Die Erkenntnis, welches Bedürfnis sich hinter einer bestimmten Erwartung befindet, kann uns also durchaus dabei helfen, selbstbestimmter und freier zu werden. Dadurch lösen wir uns auch von der bereits erwähnten lästigen Anerkennungssucht (siehe ab Seite 42).

2. ERWARTUNGEN SCHÖN EINPACKEN

Natürlich gibt es auch die eine oder andere Erwartung, bei der wir unausweichlich auf das Wohlwollen unserer Mitmenschen angewiesen sind, zum Beispiel wenn wir heiraten, Kinder bekommen, befördert werden, umziehen, ein schwieriges Projekt umsetzen oder bei Familien-, Team- und Paarzielen. Hier können wir die Erfüllung unserer Erwartungen nur bis zu einem gewissen Grad selbst in die Hand nehmen. Dennoch sollten wir unsere Erwartungen nicht zu hoch ansetzen, denn:

Du bist nicht dazu da, um die Erwartungen der anderen zu erfüllen. Sie sind aber auch nicht dazu da, um deine Erwartungen zu erfüllen.

nach Fritz Perls

Bestimmt weißt du aus eigener Erfahrung, dass es nicht besonders freudvoll ist, Erwartungen gerecht zu werden. Sie sind oft mit Zwang und Unfreiheit verbunden. Anders hingegen ist das bei Wünschen. Wer schaut nicht gern in die glücklichen Augen von jemandem, dessen Wunsch er erfüllen konnte. Also verpacke deine Erwartungen am besten als Wünsche und gib deinem Gegenüber so das angenehme Gefühl, die freie Wahl zu haben. Die Wahrscheinlichkeit, dass er deinem Wunsch nachkommt, nimmt dadurch zu.

3. HOLZWEGGESCHENKE

Manche Erwartungen sind einfach dazu da, um nicht erfüllt zu werden, davon bin ich überzeugt. Denn wenn in der Vergangenheit allen meinen Erwartungen entsprochen worden wäre, dann sähe mein Leben heute völlig anders aus. Mit 28 bewarb ich mich um eine Speaker-Stelle im Bereich Personal-Recruiting. Damals dachte ich, das sei die perfekte Herausforderung für mich. Da ich davon ausging, dass meine Voraussetzungen ideal seien, rechnete ich mit einer Zusage. Umso bitterer fiel die Enttäuschung aus, als ich eine klassische Absage im Postkasten vorfand.

Es dauerte keine sieben Minuten, und plötzlich war ich mir sicher, dass ich vermutlich auf dem Holzweg gewesen war und diese Absage ein Geschenk für mich darstellte. Obwohl ich noch nicht wusste, was mir die Zukunft bringen würde, ging ich davon aus, dass das Leben etwas Besseres für mich bereithielt und mir deshalb, was die Speaker-Stelle betraf, einen Riegel vorschob. Ja, und so kam es dann auch. Das Leben gab mir die Chance, meine Traumberufe Autorin, Bloggerin und Mentaltrainern zu ergreifen.

Wenn eine deiner Erwartungen zur Enttäuschung führt, dann probiere es mit einer Portion Vertrauen dem Leben gegenüber.

HONIGPERLEN TO GO

Erwartungen: Do it yourself!
Hier findest du eine Anleitung, mit der du herausfinden kannst, welche Bedürfnisse und Sehnsüchte sich hinter deinen Erwartungen verstecken. Außerdem gebe ich dir einige Anregungen dazu, wie du es schaffst, diese Bedürfnisse und Sehnsüchte selbst zu stillen.
- Frage dich, welche Erwartungen in deinem Leben immer wieder zu Enttäuschungen führen. Wage dazu auch einen Blick in die Vergangenheit. Vielleicht erkennst du da sogar eine sich wiederholende Enttäuschung. Benenne die Erwartung dahinter.

UNERFÜLLTE ERWARTUNGEN

- Nun sieh dir deine Erwartungen etwas genauer an und frage dich: Welches Gefühl würde es in mir auslösen, wenn diese Erwartung erfüllt wird? Welche Sehnsucht oder welches Bedürfnis in mir wäre dann gestillt? Zum Beispiel: bedingungslose Annahme deiner Person, mehr Respekt oder mehr Dankbarkeit dir gegenüber, ein 100-prozentiges Ja zu dir, mehr Achtsamkeit und Wertschätzung, das Erkennen deiner Fähigkeiten und Talente et cetera.
- Genauso wie du derartige Bedürfnisse bei anderen Menschen erfüllen kannst, kannst du das auch bei dir selbst. Lass den Groll gegen jenen Menschen, der deinen Erwartungen nicht gerecht wird, dir selbst zuliebe einfach los und verwende deine Energie dazu, um wieder in die Fülle zu kommen.
- Suche nach Maßnahmen, die es dir ermöglichen, deine Bedürfnisse selbst zu stillen. Wie wär's zum Beispiel damit? Gönne dir eine Portion Selbstliebe. Mache dir deine Stärken und Fähigkeiten bewusst. Schaue zurück und schätze dich selbst dafür, was du schon alles geschafft hast. Verwöhne dich selbst. Wende eine Entspannungsmethode an, die dir Geborgenheit schenkt. Belohne dich dafür, dass dir etwas besonders gut gelungen ist oder dass du an einer schwierigen Sache dranbleibst und nicht aufgibst. Lies ein Buch oder einen Text, der deinen Selbstwert stärkt. Übe eine Tätigkeit aus, die dich wieder in Einklang mit dir selbst bringt. Koche dir dein Lieblingsessen und genieße es.

Glitzernde Misthaufen: Krisengeschenke aller Art

Krisen. Sie kommen meist plötzlich und ziehen uns den Boden unter den Füßen weg. Sie sind unbarmherzig und verschlingen oft genau das, was wir im Leben am meisten brauchen. Sie überfordern uns, machen uns zu Opfern und bringen Schmerz, Hoffnungslosigkeit und große Angst mit sich.

Wenn das Monster Lebenskrise beispielsweise mit einer Trennung, einer Krankheitsdiagnose oder einem Jobverlust zuschlägt, können wir dem natürlich vorerst gar nichts Positives abgewinnen. Und das ist auch okay so, denn jede Krise hat einen Zyklus und bestimmte Phasen, die wir durchlaufen müssen. Bahnt sich eine Lebenskrise an, so fühlen wir uns anfangs oft ohnmächtig und ausgeliefert. Es ist in etwa so, als würde uns jemand vom Steuer unseres Lebens verdrängen und in eine Richtung fahren, die wir auf Biegen und Brechen nicht einschlagen wollen. Da ist es ganz natürlich, dass wir alles daransetzen, das Monster, das versucht, unser Leben zu Schrott zu fahren, loszuwerden. Kurzum: Anfangs suchen wir verzweifelt nach Möglichkeiten, die Krise doch noch abzuwehren. Wir wollen es dann etwa einfach nicht wahrhaben, dass der Partner wirklich geht, und hoffen weiter. Oder wir bauen auf Helfer im Außen, die unsere Krankheit, unsere Schwierigkeiten im Beruf, unsere Geldprobleme oder unsere Enttäuschung einfach wegzaubern sollen.

Was für Außenstehende schnell erkennbar ist, muss der Betroffene oft erst über viele schmerzhafte Wochen, Monate oder Jahre hinweg am eigenen Leib erfahren. Wer den Gebeutelten an dieser Stelle die Augen öffnen möchte oder mit Weisheiten wie „Jede Krise ist eine Chance" um sich wirft, wird dabei scheitern oder kein Gehör finden. Zu Recht! Denn niemand anders als derjenige, der die Krise erlebt, kann das Ausmaß dieser wahrlich verstehen und nachempfinden.

Unsere Ängste, unsere Verzweiflung, unsere Enttäuschung, unsere Wut und unser Schmerz brauchen diese Phase. All unsere Emotionen wollen gefühlt werden. Sie hinunterzuschlucken würde früher oder später erst recht zur Katastrophe führen, denn Gefühle sind Energien, die freigesetzt werden müssen, um zu heilen. Lassen wir unsere Emotionen also zu, so geben wir ihnen die Chance, sich – nachdem sie sich ausgepowert haben – in positive Qualitäten zu verwandeln.

In der zweiten Phase der Krise schwächen sich die schmerzhaften Gefühle dann meist ein wenig ab. Manche Menschen aber beginnen an dieser Stelle wieder zu kämpfen und erwecken dadurch das Krisenmonster erneut zum Leben. Andere wiederum lernen loszulassen und nehmen das Unvermeidbare schweren Herzens an. Durch dieses Verhalten angeregt, beginnt sich das Monster zu entspannen. Es lehnt sich weit in den Fahrersitz zurück und nach einer Weile fängt es dann sogar an, seelenruhig mit uns zu plaudern. Anfangs ist uns das Monster natürlich noch ziemlich unsympathisch, aber schon bald merken wir, dass es gar kein so übler Typ ist. Es stellt gute Fragen, ist interessiert an unserer Meinung und an unserem Wohlbefinden, zeigt uns aus einer neuen Perspektive, was in der Vergangenheit geschehen ist, spiegelt unser Verhalten wider und hilft uns dabei, statt einer einzigen Straße plötzlich wieder eine Kreuzung mit vielen Wegen zu erkennen. Wenn Menschen es schaffen, an dieser Stelle Freundschaft mit dem Krisenmonster zu schließen, verwandelt es sich in einen Mentor der Sonderklasse. Selbst wenn er dann weiterhin am Steuer unseres Lebens sitzt – wir lassen uns auf ihn ein, nützen die Zeit und erzählen ihm, welche positiven Einflüsse er trotz allem auf unser Leben hatte.

Und so sehen die Geschenke aus, die uns unser Monster-Mentor überreichen kann:

- Krisengeschenke reißen uns aus Gewohnheiten und fordern uns auf, wieder bewusst und achtsam zu leben.
- Sie zwingen uns, innezuhalten und nachzudenken.
- Sie waschen uns den Kopf, damit wir unser Leben wieder in die richtige Richtung lenken oder eine neue Richtung einschlagen.
- Sie erinnern uns daran, was im Leben wirklich wichtig ist.
- Sie stärken unsere Beziehungen zu Menschen, die uns beistehen.
- Sie lehren uns, dankbar zu sein für das, was wir haben.
- Sie zeigen uns Lösungen, die uns nie eingefallen wären.
- Sie helfen uns dabei, uns wieder auf unsere Herzenswünsche zu besinnen.
- Sie machen uns auf unsere Stärken aufmerksam.

Während wir dem ehemaligen Monster von all unseren Erkenntnissen und den ersten positiven Ereignissen, die wir der Krise verdanken, erzählen, fährt es dann plötzlich rechts ran. Verdutzt werfen wir einen Blick auf den Fahrersitz. Die Tür steht offen, und das Krisenmonster ist weg. Mit einer generalsanierten Einstellung, vielen neuen Ideen, Dankbarkeit, Selbstvertrauen und Vorfreude können wir uns jetzt wieder ans Steuer des Lebens setzen. Vergessen werden wir das Krisenmonster nie. Manche Menschen wie ich schreiben ihm sogar regelmäßig Briefe, um sich daran zu erinnern, welche wertvollen Geschenke es ihnen beschert hat.

Ja, wenn Krisen so enden, sind wir meist glücklich. Aber in der Realität ist es nicht immer einfach, von einer Krisenphase in die nächste zu kommen und schlussendlich ein Happy End zu feiern. Verschiedene Krisenstolpersteine sorgen dafür, dass wir in unserem Kummer und Schmerz oder gar in der brisanten Situation selbst gefangen bleiben. Und dann gibt es da auch noch die Frage nach der Schuld. Wenn es tatsächlich so ist, dass das Leben einem eine Krise schickt, weil man nicht mehr gut genug auf sich aufpasst oder weil man einen falschen Weg eingeschlagen hat, dann bedeutet das ja, dass man selbst daran schuld ist. Nicht nur die Krise selbst scheint diese Theorie zu bestätigen, sondern auch Teile der Gesellschaft suchen die Verantwortung gern bei den Betroffenen. Zum Beispiel: Wird man krank, dann hat man entweder nicht gesund genug gelebt oder man hat sich übernommen. Betrügt einen der Partner, dann liegt das am eigenen geringen Selbstwert. Scheitert man beruflich, hat man eine falsche Entscheidung getroffen oder es fehlt einem einfach der Geschäftssinn.

Auch wenn diese Schlussfolgerungen plausibel klingen und ein Fünkchen Wahrheit beinhalten, heißt das nicht, dass wir daran schuld sind, wenn unser Leben von einer Krise heimgesucht wird. Ebenso ist eine Krise nicht als Strafe für vergangene Taten zu verstehen. Es bedeutet auch nicht, dass Menschen, die gerade nicht von Lebenskrisen betroffen sind, ihr Leben besser meistern. Das Leben sucht sich eben unterschiedlichste Wege, um uns darauf aufmerksam zu machen, wo wir optimieren, wieder erwachen oder neu anfangen können. Ich bin davon überzeugt, dass niemand das Recht hat, uns für Krisen aller Art schuldig zu sprechen.

Nun aber zurück zu den Krisengeschenken oder – wie ich sie gerne nenne – den „Glitzermisthaufen". In den nächsten Kapiteln möchte ich von verschiedenen Arten von Krisen erzählen, die fast jeder von uns durchleben muss. Dabei soll es nicht nur um Stolpersteine und ihre Vermeidung gehen, sondern auch darum, welche Geschenke man lange Zeit, nachdem man eine Krise überwunden hat, noch finden kann. Insofern sind diese Abschnitte auch dann, wenn du aktuell krisenfrei bist, eine Möglichkeit, um Honigperlen zu entdecken.

TRENNUNG UND ABSCHIED: WENN SICH LEBENSWEGE SCHEIDEN

Blickst du manchmal wehmütig in die Vergangenheit zurück und erinnerst dich dabei an all jene Menschen, die einst deinen Lebensweg kreuzten, eine Zeit lang eine bedeutende Rolle spielten und dann wieder verschwanden? Ich tue das regelmäßig. Früher habe ich dabei des Öfteren Tränen vergossen und den Schmerz der Trennung erneut erlebt. Heute verspüre ich ein wärmendes Gefühl der Dankbarkeit. Ich bin zu der Überzeugung gekommen, dass jeder Mensch, der einst in mein Leben trat und sich später wieder verabschiedete, ein Geschenk für meine persönliche Weiterentwicklung war und ist. Und dabei handelt es sich nicht bloß um verflossene Lieben, sondern auch um die einstige beste Freundin aus der Schulzeit, eine Urlaubsbekanntschaft, Studienkollegen, Mentoren, die uns ein Stück auf unserem Weg begleiteten, die Familie des Expartners, ehemalige Arbeitskollegen sowie Freunde fürs Leben, die sich uns ebenso für eine Weile entziehen können.

Nicht immer muss die Trennung eine Intention des anderen sein. Manchmal sind auch wir selbst diejenigen, die den Kontakt abbrechen. Aber in jedem Fall gibt es einen guten Grund dafür, warum jeder Einzelne dieser Menschen für einige Zeit in unserem Leben war. Und genau darin können wir auch die Honigperlen-Geschenke erkennen, die wir durch Abschiede erfahren dürfen. Bevor wir dazu kommen, möchte ich auf unterschiedliche Arten von Trennungen eingehen.

TRENNUNG UND ABSCHIED: WENN SICH LEBENSWEGE SCHEIDEN

1. WENN SICH FREUNDSCHAFTSWEGE TRENNEN

Freundschaften sowie andere emotionale Verbindungen entstehen meist dann, wenn sich unsere Lebenswege mit Menschen kreuzen, die einen ähnlichen Fokus oder dieselben Interessen, Herausforderungen oder Empfindungen haben wie wir selbst. Hinzu kommt, dass sie oft auch in derselben Lebensphase wie wir stecken. Zum Beispiel: Studium, beruflicher Ein- oder Umstieg, Partnersuche, Familiengründung oder Bewusstwerdung. Manchmal entsteht eine emotionale Verbindung auch durch das Kochtopf-und-Deckel-Prinzip. Der eine sucht Hilfe, der andere bietet ihm diese mit Freude und Hingabe an. Beide schöpfen daraus eine Zeit lang Kraft.

Und genauso, wie sich unsere Lebenswege durch gemeinsame Themen und emotionale Bedürfnisse treffen, können sie sich aufgrund von Veränderungen auch wieder trennen. Das kann ein Umzug sein, ein Jobwechsel, die Gründung einer Familie, der Einfluss von anderen, eine Weiterbildung oder neue Interessen. Oftmals aber verändern wir uns auch einfach selbst, revidieren unsere Lebenseinstellung, entwickeln uns weiter oder wählen einen bewussteren Weg als bisher.

Sind wir selbst der Initiator einer solchen Trennung, so verkraften wir diese meist ganz gut. Ist es aber der andere, der sich uns entzieht und uns somit mit einer Zurückweisung konfrontiert, so kann sich unser Herz ganz schön zusammenziehen. Wem bewusst ist, dass eine Trennung in der Freundschaft fast nie mit einem selbst zu tun hat, sondern vielmehr damit, dass sich die Lebensthemen des anderen verändert haben, kann erste Abhilfe gegen das Gefühl der Abweisung schaffen.

Bei langjährigen Freundschaften führt eine Veränderung häufig nicht gleich zu einer Scheidung, sondern bloß zu einer Auszeit. Tiefe Freundschaften lassen Platz für Entwicklung und vertrauen darauf, dass sich der Lebensfokus zur rechten Zeit wieder überschneidet. Das habe ich schon oft erlebt. Nach Monaten oder Jahren trifft man sich wieder, und der Draht zueinander ist plötzlich wieder da.

Manche Menschen aber verweilen einfach nur für eine gewisse Zeit in unserem Leben. Vorerst mag sich das anfühlen, als ließe man uns an der Bushaltestelle stehen. In Wahrheit aber tut sich dadurch auch für uns eine neue Chance auf. Zum Beispiel mehr Zeit für uns selbst, die uns dazu inspirieren kann, uns neu zu entdecken. Oder aber mehr Zeit für andere Menschen und Interessen, die uns Hinweise auf persönliche Entwicklungsfelder geben können.

2. WENN EINE LIEBESBEZIEHUNG ENDET

Wenn eine Partnerschaft scheitert, so ist das immer mit Schmerz verbunden. Egal, ob man derjenige ist, der sich trennt, oder derjenige, der verlassen wird. Einen geliebten Menschen und alle gemeinsamen Erlebnisse und zukünftigen Träume ziehen zu lassen, kann einem fast das Herz zerreißen. Dennoch gibt es gewisse Unterschiede, was den Schweregrad der Narben, die verbleiben, betrifft. Trennt man sich nämlich in guter Freundschaft, lässt sich der Schmerz meist rascher besänftigen und man ist bald wieder dazu in der Lage, gemeinsame Erinnerungen als Bereicherung zu verstehen. Wird man allerdings verlassen und erfährt dabei eine eiskalte Abfuhr oder trennt man sich aufgrund von Konflikten, Kränkungen, Enttäuschungen, Misstrauen oder weil der Partner eine Affäre hat, entsteht eine wesentlich größere Verletzung, an der man eine ganze Weile zu knabbern hat. Der schmerzvollste Trennungsgrund ist laut einer Studie der Cornell University, dass einen der Partner betrügt. Diese Art der Zurückweisung kann unseren wundesten Punkt treffen.

TRENNUNG UND ABSCHIED: WENN SICH LEBENSWEGE SCHEIDEN

Wie im Kapitel „Anerkennungssucht" erläutert, benötigen wir Liebe und Geborgenheit so sehr zum Leben wie ein Baby die Muttermilch. Lässt der Geliebte seine Liebe, die wir scheinbar am dringendsten benötigen, jemand anderem zukommen, so kann das gewaltige Ängste und Schmerzen auslösen. Gleichzeitig ist dieser Zustand aber auch ein eindeutiger Hinweis darauf, dass in uns eine gähnende Liebesleere herrscht. Und diesen Hunger können wir am nachhaltigsten mit Selbstliebe stillen. Eine derart schmerzhafte Trennung kann man also auch als Aufforderung dazu verstehen, endlich den Weg der Selbstliebe und Annahme einzuschlagen.

Aber auch andere schmerzhafte Trennungsgründe und Verletzungen sind oft klare Indizien dafür, wo im Leben wir uns selbst regelrecht verhungern lassen. Ein wunderbares Beispiel dafür ist die Geschichte meiner Klientin Luisa. Nach sieben Jahren Beziehung trennte sich ihr Partner Max von einem auf den anderen Tag von ihr. Als ich begann, die Gründe dafür zu hinterfragen, stellte sich rasch heraus, dass die Beziehung bereits seit längerer Zeit in einer Schieflage war. „Er hat mich äußerst schlecht behandelt. Entweder ignorierte er mich oder aber er machte sich über mich lustig. Er nahm niemals Rücksicht auf meine Bedürfnisse. Immer stellte er sich selbst an erste Stelle – auch wenn ich krank war. Und das Schlimmste, das er mir angetan hat, ist, dass er mein Vertrauen in andere Menschen für immer zerstört hat. Er hat mich derart oft betrogen, dass ich nie wieder jemandem über den Weg trauen werde." Während ich Luisa aufmerksam zuhörte, notierte ich alles, was Max ihr angetan beziehungsweise ihr verwehrt hatte:

- Er behandelte sie respektlos und nahm sie nicht ernst.
- Er achtete nicht auf ihre Bedürfnisse.
- Ihr Vertrauen in andere wurde zerstört.

Eine Sitzung später warfen Luisa und ich einen Blick auf meine Notizen. Ich fragte sie, ob sie sich vorstellen könne, dass Max, so schmerzhaft die Erlebnisse auch waren, ihr durch sein Verhalten Hinweise gegeben hatte, die ihr dabei helfen könnten, sich persönlich zu entwickeln – quasi als Sprungbrett zu ihrem neuen Glück. Durch unser Gespräch fanden wir heraus, dass Luisa sich selbst bereits lange Zeit respektlos behandelte.

- Sie glaubte nicht daran, dass ihre Meinung wichtig oder genauso viel wert wie die ihrer Mitmenschen sei.
- Sie achtete nicht auf ihre eigenen Bedürfnisse, und sogar wenn ihr Körper sie durch Zeichen wie Krankheiten deutlich darauf hinwies, nahm sie diese nicht ernst.
- Sie vertraute anderen Menschen nicht, aber vor allem vertraute sie sich selbst nicht.

„Max hat mich also genauso behandelt, wie ich mich selbst behandle, und das hat mich so sehr geschmerzt", ereilte Luisa die Erkenntnis. Sehr schnell verstand sie diese Erkenntnis als ihre Chance. Schließlich wusste sie nun glasklar, wo sie ansetzen musste, um ihren Schmerz zu lindern. Sie wollte ihr Selbstbewusstsein aufbauen und lernen, sich selbst wieder zu vertrauen. Außerdem nahm sie sich vor, ihre Bedürfnisse nicht nur ernst zu nehmen, sondern diese auch zeitnah zu erfüllen.

Kurzum: Die qualvollen Erfahrungen, die zu einer Trennung führen, sowie die damit verbundenen Enttäuschungen und Kränkungen weisen uns oft auf unser eigenes Verhalten hin – und auf den Schmerz, den wir uns damit selbst unbewusst antun. Wer dieses Erkennen als Aufforderung an sich selbst versteht, schafft nicht nur einen großen Schritt in seiner persönlichen Entwicklung, sondern erfährt auch, wie heilsam sich Selbstfürsorge auf Liebe und Partnerschaft auswirken kann.

3. TOD: ABSCHIED FÜR IMMER

Die wohl schwierigste aller Trennungen ist der Tod. Ein Schicksalsschlag, mit dem wohl jeder von uns früher oder später in Berührung kommt. Er trennt uns endgültig, ohne Erbarmen und oft auch ohne Vorwarnung von Menschen, die wir lieben. Wer eine geliebte Person verliert, der denkt dabei natürlich an alles andere als an die Geschenke des Lebens. Im Vordergrund steht erst mal die Trauer. Betroffene sind sich einig, dass der heilsamste Weg im Umgang mit diesem Schmerz darin besteht, alle Gefühle, die entstehen, zuzulassen und zu leben. Das benötigt natürlich Zeit. Und diese Zeit schenkt uns oft viele wertvolle Erfahrungen und Erkenntnisse, etwa wie wichtig die Menschen sind, die uns in dieser schwierigen Phase beistehen. Man wird sich über den Wert der Zeit, die man mit ihnen verbringen darf, plötzlich verstärkt bewusst und lernt, diese mehr zu schätzen.

Der Gedanke an die Zeit kann auch in Bezug auf den Verstorbenen zu einem heilsamen Geschenk werden. Die Erinnerungen an gemeinsame Erlebnisse und die vielen zwischenmenschlichen Geschenke, die uns der geliebte Mensch beschert hat, kann uns niemand mehr nehmen. Sie spenden uns vor allem in der fortgeschrittenen Trauerphase häufig Trost. Ich denke dabei gern an den folgenden Spruch:

Sei nicht traurig, dass es vorbei ist,
sondern erfreue dich daran,
dass du es erleben durftest.

So bitter der Tod auch ist, er lehrt uns eine der wichtigsten Gesetzmäßigkeiten des Lebens, nämlich die Vergänglichkeit. Jeder Moment ist einzigartig und kehrt nie wieder zurück! Der Tod, in welcher Form auch immer er uns im Verlauf unseres Lebens begegnet, ist also eine Aufforderung, unser eigenes Leben bewusst zu gestalten und unserer wichtigsten Aufgabe, nämlich uns selbst glücklich zu machen, nachzukommen.

ABSCHIEDS- UND TRENNUNGSGESCHENKE IM ÜBERBLICK

Wenn sich Wege scheiden, so erhalten wir häufig Erkenntnisgeschenke, die unseren weiteren Weg ebnen und erleichtern können. Diese lassen gern auf sich warten, weswegen wir Trennungen vor allem anfangs oft wenig Positives abgewinnen können. Ereilen uns aber nach einiger Zeit die ersten Erkenntnisse, erscheint uns das oftmals so, als würde man uns eine umfangreiche Landkarte unter die Nase halten, die aufzeigt, dass es nicht nur den einen Weg gibt, den wir bisher gegangen sind, sondern noch viele andere.

Im Nachhinein sind wir oft froh, dass uns eine Straßensperre den einen oder anderen Beziehungsweg blockiert hat. Denn wäre das nicht so gewesen, hätten wir wohl niemals die neuen Straßen des Glücks entdeckt. Aber damit ist es noch nicht genug. Hier noch mal alle Trennungs- und Abschiedsgeschenke im Überblick:

- Wir lernen, den Wert der Menschen, die uns lieben und in schweren Zeiten begleiten, besser zu schätzen.
- Wir erkennen, dass das Leben ein Kommen und Gehen ist und dass uns diese Abwechslung die Möglichkeit gibt, auch uns selbst und unser Leben zu verändern.
- Wir lernen, darauf zu vertrauen, dass das Leben uns im richtigen Moment die richtigen Menschen schickt.

- Wir erkennen unsere wahren Bedürfnisse sowie unsere Fähigkeit, diese selbst zu stillen.
- Wir lernen, die Zeit mit all jenen Menschen, die wir lieben, bewusst zu genießen und im Hier und Jetzt zu leben.
- Wir verstehen, dass uns niemand unsere Erinnerung und ihren Wert nehmen kann.
- Wir erfahren, dass sich bei einer Trennung immer eine Tür schließt, aber auch eine andere öffnet.

HONIGPERLEN TO GO
Jeder Mensch ist ein Geschenk
Nimm dir 20 bis 45 Minuten Zeit und notiere die Namen aller Menschen, die bisher in deinem Leben eine bedeutende Rolle gespielt haben. Nach jedem Namen lässt du etwas Platz, damit du anschließend das Geschenk, das dir dieser Mensch gemacht hat, dort niederschreiben kannst. Die folgenden Fragen helfen dir dabei, die Geschenke zu entdecken. Wähle ein bis zwei davon, passend zu jeder Person, aus:
- Was hat mir diese Person mitgegeben?
- Was hat sie mich gelehrt oder mir beigebracht?
- Welches unvergessliche Erlebnis hat sie mir beschert?
- Worin hat sie mich bestärkt, was hat sie an mir geschätzt oder bewundert?
- Welche Fähigkeit oder Eigenschaft hat sie in mir zum Leben erweckt?
- Was hat sie mich erkennen oder verstehen lassen?
- Welche Veränderung hat sie in meinem Leben bewirkt?

Deine Antworten machen dir bewusst, dass dir jeder dieser Menschen ein Geschenk hinterlassen hat – egal, wie und warum sich eure Lebenswege geschieden haben. Ohne die Zeit mit ihnen wärst du heute nicht der Mensch, der du bist.

STEHAUFMÄNNCHEN: WARUM SCHEITERN ERFOLGREICH MACHT

Nicht jeder kann scheitern. Dieses Privileg ist jenen Menschen vorbehalten, die es wagen, ihr Leben bewusst nach ihrer eigenen Vorstellung zu gestalten. Wer hingegen bloß zusieht, so als sei das Leben eine Staffel seiner Netflix-Lieblingssendung, der wird auch nicht stolpern. Andererseits bekommt er auch niemals die Regie. Er muss dabei zuschauen, wie andere um ihn herum ihre Chance ergreifen und zu Hauptdarstellern werden, die das Drehbuch ihres Lebens selbst schreiben. Deshalb möchte ich ein Plädoyer für das Scheitern halten und dich dazu motivieren, es auszuprobieren. Falls du schon mit dem Scheitern begonnen hast und demnach einige Misserfolge einstecken musstest, will ich dich dazu inspirieren, diese aus einer neuen Perspektive zu betrachten. Denn:

Scheitern – und das meine ich tatsächlich so – ist eine der größten Bereicherungen, die uns zuteilwerden kann.

Melanie

Ich bin sogar davon überzeugt, dass Misserfolg die wichtigste Voraussetzung für Erfolg ist. Warum?

Jeder Mensch, der scheitert, verändert sich. Dabei stärkt sich nicht nur seine Widerstandsfähigkeit, sondern er lernt auch dazu. Er entwickelt Fähigkeiten weiter, generiert neue Strategien, verbessert sein Know-how, adaptiert seine Denkweise, erweitert seinen Horizont und verfeinert seine Ideen und Ziele. Kurzum wird er mit jedem Mal, mit dem er scheitert, eine bessere Version von sich selbst. Dass diese Theorie tatsächlich der Wahrheit entspricht, bestätigen einige sehr erfolgreiche Menschen und Pioniere, zum Beispiel:

- Walt Disney, der angeblich zu Schulzeiten besonders miese Noten in allen kreativen Fächern hatte, wurde mangels Einfallsreichtums von einem Zeitungsherausgeber gefeuert. Danach erhielt er 302 Absagen, ehe ihm eine Finanzierung für das Disneyland zugesagt wurde.
- Henry Ford ging fünfmal pleite, bevor er schließlich weltweiten Erfolg hatte.
- Clärenore Stinnes umfuhr 1927 als erste Frau mit dem Auto die Welt. Zuvor musste sie Jahre dafür kämpfen, um an einem Autorennen teilnehmen zu dürfen. Schließlich wurde sie zur erfolgreichsten Rallyefahrerin Europas.
- Colonel Sanders, der Gründer von Kentucky Fried Chicken, musste 1009-mal scheitern, bis jemand sein Fast-Food-Konzept förderte.
- Die Russin Alexandra Kollontai (1872–1952) kämpfte für die Gleichberechtigung. 1917 wurde sie bei einem Aufstand verhaftet. Kurz darauf wurde sie zur Ministerin ernannt – weltweit die erste Frau auf einem solchen Posten.
- Thomas Alva Edison fand 10000 Wege, wie eine Glühbirne nicht funktioniert, bevor er sie zum ersten Mal zum Leuchten brachte.

Scheitern ist also eine Vorstufe des Erfolgs. Und das nicht nur bei Prominenten. Auch mein langjähriger Freund Markus ist ein wahrer Scheiter-Profi. Ich erinnere mich an die vielen Kaffeepläusche mit ihm, während eine Misserfolgsgeschichte die nächste jagte. Markus hat es insgesamt schon mit vier verschiedenen Berufen, sechs Festanstellungen und zwei Startups probiert. Immer wieder, wenn er den Schritt wagte, den Job zu wechseln oder diesen für die Selbstständigkeit an den Nagel zu hängen, war er voller Erwartungen und Freude, hatte aber auch Angst davor zu scheitern. Und immer wieder geschah genau das auch. Damals fragte ich mich oft, wie Markus die Kraft fand, wieder aufzustehen. Vor allem deshalb, weil es nicht nur im Beruf, sondern auch in der Liebe häufig schieflief. So machte er seiner heutigen Frau zwei Heiratsanträge, weil diese den ersten ablehnte. Schlussendlich wurde auch die Hochzeit wegen Komplikationen verschoben.

Heute sind Markus und Celina bereits seit sieben Jahren glücklich verheiratet. Auch das Scheitern im Beruf lohnte sich für ihn schließlich noch. Markus führt zwei erfolgreiche Unternehmen mit insgesamt knapp hundert Mitarbeitern und hält außerdem Vorträge für Jungunternehmer, in denen er andere dazu motiviert, ihren beruflichen Traum – trotz der Möglichkeit zu scheitern – zu verwirklichen. „Hab keine Angst vor dem Scheitern, es ist das Beste, das mir je passiert ist", sagt er immer. Wenn Markus so etwas behauptet, muss es noch mehr Gründe dafür geben, wieso Misserfolge wahre Geschenke für uns sein können.

DIE FÜNF GEWINNE DES SCHEITERNS

1. Den besten Weg für sich selbst finden

Zu scheitern gibt einem die Chance zu erkennen, ob der Weg oder die Sache, für die man sich einsetzt, richtig für einen ist. Denn nur wer etwas ausprobiert, kann spüren, ob es ihm wahre Freude bereitet und Erfüllung schenkt. Wenn man beispielsweise davon träumt, Sänger zu werden, aber niemals an einem Casting teilnimmt, so bleibt die Sehnsucht danach oft ein Leben lang. Wenn man es hingegen probiert und dabei scheitert, stellt man womöglich fest, dass man das Singen zu Hause unter der Dusche und im Auto zwar liebt, aber nicht vor vielen Menschen auf der Bühne stehen möchte. Ein solcher Misserfolg gibt uns die Chance, unseren Wunsch zu adaptieren. Anstatt auf der Bühne zu tanzen, leitet man vielleicht lieber einen Kinderchor oder entdeckt die meditative Wirkung des Singens.

2. Eine bessere Version seiner selbst werden

Wie bereits erwähnt, hilft uns jeder Misserfolg dabei, uns persönlich weiterzuentwickeln. Mit jedem Mal, bei dem wir scheitern, wachsen wir ein wenig mehr über uns selbst hinaus. Auf meinem Weg zur Autorin beispielsweise musste ich einige Misserfolge einstecken. Jeder Fehler jedoch, den ich machte, bot mir die Möglichkeit, meinen Stil, meine Werkzeuge und vor allem meine Themen und Ideen weiterzuentwickeln. Hätte ich all diese Misserfolge nicht verzeichnet, würde ich heute immer noch Kurzgeschichten im stillen Kämmerlein schreiben, statt an diesem Buch zu arbeiten.

Die Persönlichkeitsentwicklung durch Misserfolge entsteht im Übrigen nicht dadurch, dass wir aus den Fehlern selbst lernen, sondern dadurch, dass wir uns, unser Verhalten, unsere Fähigkeiten und unsere Potenziale besser kennenlernen und so dazu in der Lage sind, sie unseren Erfordernissen und Gegebenheiten anzupassen. Ein Fehlschlag ist also ein Anlass, sich mit sich selbst zu beschäftigen.

3. Aus Misserfolgen Siege machen

Vor Kurzem übte ich mit einer Klientin das selbstbewusste Eingestehen von Fehlern und Nichtwissen. Dieser Bereich zählt zu meinen absoluten Stärken. Ich kann mit inbrünstiger Überzeugung sagen: „Das weiß ich nicht." Oder: „Ich habe leider überhaupt keine Ahnung." Und dabei fühle ich mich auch noch richtig gut. Schließlich gibt es viele Bereiche, in denen ich kompetent oder gar talentiert bin. Da ist es völlig in Ordnung, in anderen Bereichen unbewandert und unwissend zu sein. Diese gesunde und Selbstvertrauen stärkende Einstellung erhält man, indem man im Leben einige Male erfolgreich scheitert.

Das bestätigt auch die Mistake-Story von Daimler: Der Konzern geriet vor einigen Jahren in die Schlagzeilen, weil sein neues Modell der Mercedes-A-Klasse beim sogenannten Elch-Testverfahren auf die Seite kippte. Schnell entstand dadurch ein Skandal, aber der Konzern reagierte darauf extrem geschickt. Er startete eine Werbekampagne mit dem Slogan: „Stark ist, wer keine Fehler macht. Stärker, wer aus seinen Fehlern lernt." Aus der vorläufigen Niederlage wurde durch permanente Berichterstattung und Verbesserung ein richtiger Erfolg.

4. Scheitern macht uns widerstandsfähiger

Tatsächlich sind Menschen, die schon einige Misserfolge und Krisen erlebt haben, resilienter als jene, die ihre Komfortzone kaum verlassen. Unter Resilienz versteht man eine gewisse Widerstandsfähigkeit sowie die Aneignung von Strategien, die einem dabei helfen, schwierige Situationen besser zu meistern. Diese Widerstandsfähigkeit kann man nicht nur in Krisenzeiten gut brauchen, sondern auch im turbulenten und herausfordernden Alltag. Resilienz unterstützt einen dabei, in schwierigen Situationen ruhig und bei Stress mit sich selbst in Einklang zu bleiben, und fördert so die emotionale und körperliche Gesundheit.

5. Unser Perfektionismus ist kein Maßstab

Misserfolge können sogar die Angst vor dem Anfangen lindern, der oftmals das Streben nach Perfektionismus zugrunde liegt. Wie das? Sie zeigen uns, dass unsere eigenen Ansprüche keine Gewähr dafür sind, ob wir mit unseren Projekten Erfolg oder Misserfolg haben. Manchmal finden wir etwas außergewöhnlich gut, während alle anderen die Nase rümpfen. Und ein andermal sind wir mit unserer Leistung nur marginal zufrieden, während uns die anderen laut applaudieren.

Meine liebe Bekannte Simone designte knapp zwei Jahre an einem Spruchkalender. Als dieser fertig war, war der Markt mit ähnlichen Produkten bereits übersättigt. Sie scheiterte. Lange Zeit danach entdeckte ein Geschäftskunde den ersten Rohentwurf ihres Spruchkalenders. Er war derart begeistert von seiner Schlichtheit, dass er spontan eine Großbestellung für seinen Laden aufgab.

Trotz aller Gewinne des Scheiterns, die wir meist im Nachhinein entdecken, ist der Akt selbst natürlich schmerzlich. Bevor man scheitert, hat man schließlich meist Herzblut, Zeit und Energie in sein Projekt investiert. Wenn eine derartige Sache scheitert, macht sich häufig Enttäuschung, Frustration und Hoffnungslosigkeit breit. An dieser Stelle kann das „Scheiterhaufen-Prinzip" dabei helfen, schneller wieder auf die Beine zu kommen und erneut Motivation zu entfachen.

Bei dieser Methode sammelt man Misserfolge, um daraus anschließend einen Haufen zu machen, der lichterloh brennt. Ein einziges Misserfolgsscheit würde nicht ausreichen, um das Feuer des Erfolgs zu entzünden, daher braucht man eben ein paar mehr davon. Ich habe diese Strategie entwickelt, als ich noch als Beraterin im Verkauf tätig war. Damals maß sich mein Erfolg daran, wie viele Produkte ich an meine Kunden verkaufte. Am Anfang meiner Beratertätigkeit war ich häufig geknickt, wenn ein Kunde eines meiner Angebote ablehnte. Nicht immer gingen diese Ablehnungen freundlich vonstatten. Als Verkäufer muss man hie und da ganz schön etwas einstecken. Interessanterweise aber war mein erfolgreichster Tag als Beraterin gleichzeitig der, an dem ich die meisten Abfuhren erhielt. Wie das? Ich sprach unentwegt Kunden auf ein Produkt an, von dem ich sehr überzeugt war. Insgesamt waren es mehr als 40. Obwohl ich rund 25 Mal Nein zu hören bekam, schlossen 15 Kunden einen Vertrag ab.

Je höher die Schlagzahl ist, je mehr Schritte man unternimmt und je höher die Anzahl der Misserfolge ist, desto größer wird die Wahrscheinlichkeit, dass man sein Ziel erreicht. Zum einen verbessert man mit jedem neuen Versuch seine Strategien, und zum anderen steigt dadurch die Chance, dass man auf Menschen und Situationen trifft, die einen auf dem Weg zum Erfolg unterstützen.

Immer wenn ich scheitere, besinne ich mich auf dieses Prinzip. Tue es mir gleich und greife bei deinem nächsten Misserfolg auf dieses Mindset zurück. Stell dir vor, wie du durch jeden Misserfolg einen Scheit erhältst. Wenn du einige Scheite gesammelt hast, erreichst du unausweichlich dein Ziel. Die bildliche Vorstellung des brennenden Haufens hilft dabei, das Positive am Scheitern schneller zu erkennen, und motiviert dich dazu wiederaufzustehen und weiterzumachen.

HONIGPERLEN TO GO

Scheiterhaufen-Fragebogen
Ein Fehlschlag ist ein Anlass, um sich mit sich selbst zu beschäftigen. Die folgenden Fragen können dich dabei unterstützen, Erkenntnisse zu gewinnen, deinen Weg zu überdenken und Chancen zu entdecken. Am besten schreibst du deine Antworten auf, sodass du später darauf zurückgreifen kannst.

Misserfolge:
- Was waren die bisher größten Misserfolge in deinem Leben?
- Welche Erkenntnisse, neuen Wege und Geschenke ergaben sich durch diese Misserfolge?
- Welche Fähigkeiten hast du durch gescheiterte Vorhaben oder Pläne entwickelt beziehungsweise weiterentwickelt?
- Welchen Hinweis könnte dir ein aktueller oder in der Vergangenheit liegender Misserfolg geben wollen?
- Suche nach einer Misserfolgsgeschichte, die dich besonders inspiriert. Dazu gibt es eine Vielzahl spannender Biografien und diverse Onlineberichte. Beschäftige dich einige Tage mit der Geschichte der betreffenden Person und erforsche dabei die Einstellung und die Denkweise des Hauptdarstellers. Finde heraus, inwiefern dich dieses Mindset positiv beeinflussen und unterstützen kann.

Angst vor dem Scheitern:
- In welchen Bereichen hast du Angst vor dem Anfangen? Was hält dich davon ab, mit einem Herzensprojekt durchzustarten?
- Was wäre das Schlimmste, das dir widerfahren könnte, wenn du scheiterst?
- Was wäre das Schlimmste, das dir widerfahren könnte, wenn du niemals anfängst?
- Welches der beiden Risiken bist du eher bereit einzugehen?
- Was müsste geschehen, damit du es wagst, dein Herzensprojekt in die Tat umzusetzen?
- Was kannst du selbst tun, um den dazu nötigen Mut zu generieren?
- Wer oder was könnte dir außerdem dabei helfen?

WENN'S IN DER BEZIEHUNG ZUM GELD KRISELT

Wenn ich meine Eltern besuche, so komme ich meist um den gut besuchten Stammtisch ihres Heurigen nicht herum. Vor Kurzem habe ich beim Plaudern mit Gästen wieder eine interessante Stammtischweisheit aufgeschnappt. Frau Uhle, die schon seit langer Zeit regelmäßig das Lokal meiner Eltern besucht, beklagte sich ein wenig über die ungerechte Verteilung des Geldes. „Die einen werden immer reicher und die anderen immer ärmer. Wenn man einmal arm ist, ändert sich das nie", behauptete sie überzeugt. Ich dachte kurz über ihre Worte nach, bevor ich ihr zustimmte: „Ja, da haben Sie absolut recht. Allerdings gibt es schon eine Möglichkeit, das nachhaltig zu verändern." Nun wurde Frau Uhle sichtlich neugierig. „Und wie? Mit einem Lotto-Sechser oder was?"

„Das wäre eine Möglichkeit. Nachdem die Anzahl der Sechser aber ziemlich begrenzt ist, würde ich eher auf ein gesundes Money-Mindset setzen." Frau Uhle nickte verständnisvoll. Etwas in ihren Augen verriet mir aber, dass ihr der Begriff „Money-Mindset" nicht wirklich etwas sagte. „Wissen Sie, dabei geht es um die Einstellung zum Geld. Viele Menschen mögen Geld nicht besonders gern. Manche sagen ja sogar, es sei schmutzig. Andere wiederum meinen, Geld verderbe den Charakter. Na ja, und wenn man so über Geld denkt, dann hat das Geld natürlich wenig Lust, zu einem zu kommen. Es fließt dann lieber den anderen, also den Reichen, zu, die Geld mit offenen Armen empfangen."

Frau Uhle musste nach meiner Erklärung etwas schmunzeln, interessierte sich dann aber dennoch für die Säulen rund um ein gesundes Money-Mindset. Zum einen spielen dabei alles, was wir über Geld gelernt haben, sowie unsere bisherigen Erfahrungen eine wesentliche Rolle. Zum anderen hat dabei auch unser Selbstwert eine große Bedeutung, denn er ist dafür ausschlaggebend, wie viel wir uns erlauben, für unsere Leistungen zu verlangen. Zusätzlich prägen auch der Umgang mit Geld und die Dinge, für die wir es ausgeben, unser Mindset. Bevor wir uns die Blockaden, die einen harmonischen Geldfluss verhindern, genauer ansehen, gilt es herauszufinden, inwiefern es aktuell in unserer Beziehung zum Geld kriselt.

Folgende Anzeichen können darauf hinweisen, dass deine Beziehung zum Geld nicht in Balance ist:

- Auf deinem Bankkonto herrscht immer wieder gähnende Leere.
- Es ist jedes Mal ein Kraftakt, die monatlichen Fixkosten rechtzeitig zu bezahlen.
- Du sorgst dich oft über offene Rechnungen und anstehende Anschaffungen.
- Du erhältst häufig Mahnungen.
- Du hast kaum ein finanzielles Polster wie Sparbücher, Wertpapiere oder Immobilien.
- Du hast materielle Wünsche, die du dir durch deine Einnahmen nicht erfüllen kannst.
- Du beneidest andere, die mehr Geld haben als du.
- Du denkst, Geld sei schmutzig oder verderbe den Charakter.
- Du kannst reiche Menschen nicht besonders gut leiden.
- Du findest arme Personen sympathischer.

- Du glaubst, wer viel Geld verdienen will, muss hart arbeiten.
- Du denkst, dass man vom Leben nichts geschenkt bekommt.
- Du steckst seit langer Zeit in derselben Gehalts- beziehungsweise Einkommensstufe fest.
- Du findest, es schickt sich nicht, über Geld zu sprechen.
- Du fühlst dich nicht gerecht entlohnt.
- Du denkst, deine Leistungen seien nicht mehr wert, als du aktuell dafür beziehst.
- Du fühlst dich wegen der Notwendigkeit des Geldes in deinem Job gefangen.
- Du tust dir generell schwer dabei, für deine Leistungen oder Produkte Geld zu verlangen.
- Du schätzt deinen Selbstwert eher gering ein.
- Du fühlst dich nicht besonders gut, wenn du Geld ausgibst.
- Du empfindest viele Produkte und Dienstleistungen als zu teuer.

Je mehr dieser Anzeichen auf dich zutreffen, desto höher ist das Potenzial, deine finanzielle Situation mit einem neuen Money-Mindset zu verbessern. Wenn du aktuell in keiner Krise in Sachen Geld steckst, finden sich bestimmt noch einige interessante Ansätze, um deine persönliche Beziehung zu deinen Finanzen zu optimieren.

A) GELD IST DEIN FREUND!

Eine neutrale bis positive Meinung zum Thema Geld ist das Fundament eines gesunden Money-Mindsets. Eine Vielzahl an negativen Glaubensmustern kann diese Basis gefährden. Häufig sind wir uns derartiger Überzeugungen nicht bewusst. Dass wir sie nicht kennen, schützt uns aber nicht vor ihrer Wirkung. Jede negative Prägung in Bezug auf Geld beeinflusst früher oder später unsere finanzielle Situation.

Diesbezüglich spreche ich aus Erfahrung. Meine Beziehung zu Geld hat sich erst in den letzten Jahren zum Positiven gewandelt. Zuvor dachte ich immer, Geld sei mir nicht besonders wichtig, weswegen ich es nicht als notwendig empfand, mich damit zu beschäftigen. In Wahrheit aber dominierten mich meine negativen Überzeugungen zum Thema Geld viele Jahre, ohne dass ich es bemerkte. Beispielsweise zweifelte ich den Wahrheitsgehalt des Spruches „Ohne Fleiß kein Preis", den ich in meiner Ausbildungszeit nur allzu oft zu hören bekam, niemals an. Außerdem schenkte ich den Worten meiner Großmutter Glauben. Sie pflegte immer zu sagen: „Geld verdirbt den Charakter." Und auch meine ersten Erfahrungen in der Liebe beeinflussten mein Verhältnis zum Geld. Sie zeigten mir, dass manche Menschen Bescheidenheit tatsächlich als eine Tugend verstehen und dass es sich nicht schickt, anspruchsvoll zu sein.

Durch all diese Einflüsse kam mein Unterbewusstsein zu dem Entschluss, dass es besser sei, weniger Geld zu haben. Mein Denken und mein Handeln richteten sich nach diesen Überzeugungen aus, ohne dass ich mir darüber klar war. Und so kam es, dass ich zwar immer fleißig arbeitete, Weiterbildungen besuchte und Erfolge vorwies, aber nicht entsprechend dafür entlohnt wurde. Kam ich zufällig doch einmal zu etwas mehr Geld, so konnte ich sicher sein, dass gleich darauf eine spontane finanzielle Belastung wie eine Autoreparatur oder eine Steuernachzahlung ins Haus flatterte. Das Geld wollte einfach nicht bei mir bleiben.

Damals dachte ich häufig, all das sei dem Zufall geschuldet. Heute aber sehe ich glasklar, dass meine Einstellung zum Geld der Dreh- und Angelpunkt für die Geschehnisse war. Erst als ich jene Blockaden, die mein Money-Mindset schwächten, erkannte, war es mir möglich, ihre Wirkung zu entschärfen. Ich nutzte dazu das direkte Gespräch zu meinem inneren Finanzmanager und versöhnte mich mit dem Thema Geld. Man könnte sagen, ich schloss Freundschaft damit. Eine Anleitung, wie das gelingen kann, findest du in den Honigperlen to go (siehe Seite 128).

Hier noch ein Überblick an Glaubenssätzen, die dein Money-Mindset blockieren können:

- Geld verdirbt den Charakter.
- Geld ist schmutzig.
- Bescheidenheit ist eine Tugend.
- Ohne Fleiß kein Preis.
- Geld muss man sich hart verdienen.
- Geld zu verdienen, ist kein Vergnügen.
- Ohne Geld wäre die Welt eine bessere.
- Über Geld spricht man nicht.
- Geld ist ein Tabuthema.
- Wer reich ist, hat keine wahren Freunde.
- Geld wächst nicht auf Bäumen.
- Geld stinkt.

B) FOKUS AUF DIE FÜLLE

Wer in finanziellen Schwierigkeiten steckt, sieht meist überall den Mangel. Er weiß genau, an was es ihm wo fehlt. Sätze wie „Das kann ich mir nicht leisten", „Das hätte ich so gern" oder „Davon kann ich nur träumen" weisen auf den permanenten Geldmangel hin. Weil Energie immer der Aufmerksamkeit folgt, ziehen wir mit derartigen Gedanken noch mehr Mangel an. Um diese Blockade zu lösen, müssen wir unseren Fokus auf die Fülle richten.

Auch wenn das anfangs wegen des offensichtlichen Mangels schwierig erscheint, ist es möglich, das Mindset durch Fülle-Gedanken zu verändern. Oftmals übersehen wir nämlich, was wir bereits alles besitzen. Ein Blick „hinter die Kulissen" kann uns auf die Sprünge helfen. Das Schmuckstück von der Oma, die kuschelige Bettwäsche, die Fotos einer Reise, die vielen Bücher im Regal, die bunten Kochtöpfe oder die Auswahl an Kleidung. Nicht zu vergessen die Mahlzeiten, Ausflüge, Sportkurse sowie Theater- oder Kinobesuche, die wir uns leisten können. Auch sie weisen darauf hin, dass es schon einiges an finanzieller Fülle in unserem Leben gibt. Und dann sind da noch unsere Einnahmen. Jeder einzelne Kontoeingang, jedes Geschenk, jeder Gutschein sowie sonstige Unterstützungen sind ein Indiz für den Wohlstand.

Wenn wir beginnen, unseren Fokus statt auf den Mangel auf diese Bereiche zu lenken, verändern sich zuerst unsere Gedanken, dann unser Mindset, später unsere Handlungen – und schlussendlich auch unsere Geldsituation.

C) VERTRAUE DEM GELDFLUSS

Die Unfähigkeit, Geld mit Freude auszugeben, blockiert den natürlichen Geldfluss. Sie macht sich durch unangenehme Gefühle wie Verlustangst oder Beklemmung bemerkbar, während man eine höhere Rechnung bezahlt. Wer solche Emotionen verspürt, hat kein Vertrauen in den Fluss des Geldes. Er glaubt also nicht daran, dass das Geld, das er ausgibt, wieder zu ihm zurückkehrt. Existenzängste können die Folge dieses Misstrauens sein.

Um sich von dieser Blockade zu befreien, ist eine Portion Geldvertrauen erforderlich. Dabei hilft die Vorstellung, dass Geld immer im Fluss ist. Wenn wir nicht gerade einen Damm bauen, dann kehrt es zu uns zurück. Je mehr wir uns dafür öffnen und je genussvoller wir Geld ausgeben, desto eher werden wir zum Geld-Magneten. Folgende Affirmationen können uns dabei unterstützen, das Vertrauen wieder aufzubauen:

- Ich vertraue dem Geldfluss. Ich gebe Geld mit Freude aus und empfange es mit offenen Armen.
- Ich bin ein Magnet für Geld – auch wenn ich es loslasse, kehrt es zu mir zurück.
- Mein Geld ist im Fluss – es kommt immer wieder zu mir zurück.

D) SEI ES WERT!

Obwohl man den Wert eines Menschen nicht in Geld aufwiegen kann, zeigt sich bei Personen, die sich selbst als enorm wertvoll empfinden, häufig ein maßgeblicher Einkommensunterschied im Vergleich zu jenen, die ihren Wert als eher gering einschätzen. Unser Umfeld reagiert also auf die Wertmeinung, die wir uns selbst gegenüber hegen.

Das beste Beispiel dafür lieferte mir meine Bekannte Carola. Sie war lange Zeit auf der Suche nach einem speziellen Job im Bereich Human Resources. Als sie endlich fündig wurde, war sie erleichtert und froh darüber, dass ihr endlich jemand eine Chance gab. Zwar erschien ihr das Einstiegsgehalt sehr niedrig, aber sie vertraute darauf, dass das Unternehmen ihren Wert richtig einschätzte. Gemeinsam mit Carola startete auch Julian seinen neuen Job in der Abteilung. Beide hatten ähnliche Qualifikationen und Aufgaben. Obwohl Julian mit einem wesentlich höheren Gehalt gestartet war, erhielt er ohne Nachfrage nach einem Jahr eine Erhöhung. Einige Wochen später verlangte er seinen Bemühungen und Leistungen entsprechend noch mehr. Der Vorgesetzte kam Julians Wunsch sofort nach, während Carola leer ausging.

Geld ist immer im Fluss.

Wenn wir nicht gerade

einen Damm bauen,

kehrt es immer wieder

zu uns zurück.

Richten wir unseren

Fokus auf die Fülle!

MELANIE

Was war geschehen? Julian strahlte durch und durch einen gesunden Selbstwert aus. Sein gesamtes Auftreten, die Art seiner Kommunikation, der kompetente Umgang mit den Mitarbeitern, seine Körperhaltung sowie auch die Art, wie er über seine eigenen Leistungen und Erfolge berichtete, waren dafür ausschlaggebend, dass der Wert von Julian sehr hoch eingeschätzt und dementsprechend entlohnt wurde. Er war ein charismatischer junger Mann, dessen Vertrauen in sich selbst derart stark war, dass niemand gewagt hätte, die Meinung, die er über sich selbst hatte, anzuzweifeln.

Ganz anders verhielt sich das bei Carola. Sie leistete zwar genauso gute Arbeit, aber sie vermittelte ihrem Umfeld durch ihr Verhalten, dass sie und ihre Leistungen nicht besonders wertvoll seien. Ihre Selbstzweifel spiegelten sich nicht nur im Klang ihrer Worte, sondern auch in ihrer Zurückhaltung sowie in ihrer Mimik und Gestik wider.

Carolas Geschichte zeigt, dass ein gesunder Selbstwert nicht nur für unser Wohlbefinden, sondern auch für unseren Wohlstand maßgeblich ist. Es scheint so, als hätten andere einen Einblick in unser Selbstwert-Konto. Als wüssten sie, wie viele Punkte wir durch negative Erfahrungen und dadurch steigende Selbstzweifel verloren haben. Deshalb macht an dieser Stelle nur eine Maßnahme Sinn: Das Selbstwert-Konto muss wieder aufgefüllt werden. Einige Anregungen dazu findest du im Buchteil „Selbstzweifel: Sondermüll im Kopf". Eine weitere Übung verrate ich dir gleich anschließend bei den Honigperlen to go.

E) GESUNDER UMGANG MIT GELD

Oftmals wird Geld missbraucht. Es wird dazu benutzt, um Dinge zu kompensieren. Wer beispielsweise ständig Stress im Job hat oder durch seine Tätigkeiten wenig Erfüllung erfährt, neigt dazu, sich öfter einmal eine Markenhandtasche, eine Penthousewohnung, Privatärzte, Schönheitsbehandlungen, eine Armbanduhr, ein schickes Auto oder eine Reise ins Fünf-Sterne-de-luxe-Hotel zu gönnen. Obwohl prinzipiell nichts gegen Luxus spricht, der tatsächlich Freude spendet, kommt Geld immer öfter dort zum Einsatz, wo es an Zeit und vor allem an Sinn und Freude mangelt. Dadurch entsteht ein heimtückischer Kreislauf. Der Lebensstandard wird höher, wodurch die Notwendigkeit steigt, seinem Job treu zu bleiben oder noch mehr Überstunden zu machen. Um den Mangel an Freude zu kompensieren, kauft man noch mehr oder ergreift weitere Maßnahmen, die die monatlichen Fixkosten zusätzlich erhöhen. Nicht selten fühlt sich dieses Szenario wie eine Zwangsjacke an, aus der es scheinbar kein Entkommen gibt.

„Minimalisiere den Konsum, maximiere die Freude" lautet mein Prinzip in diesem Fall. Durch die berufliche Auszeit, die ich mir 2016 gönnte, habe ich meinen Umgang mit Geld verändert und es dadurch geschafft, aus der Zwangsjacke auszubrechen. Dabei habe ich weder an Luxus und schon gar nicht an Lebensfreude eingebüßt. Im Gegenteil. Ich wurde mir in dieser Zeit darüber bewusst, wo ich Geld einsparen kann, weil es meine Freude nicht maximiert, und wo ich es gern ausgebe, weil es mir guttut. Dadurch reduzierten sich meine Fixkosten. Das wiederum machte mich in den Entscheidungen rund um meine berufliche Zukunft freier. Ich muss nicht dem bestbezahlten Job nachlaufen und dabei womöglich faule Kompromisse eingehen, sondern kann, was meinen Beruf betrifft, meinen Bedürfnissen folgen und auf meine innere Freude hören. Ob auch du deinen Umgang mit Geld noch optimieren kannst, findest du mit den Reflexionsfragen heraus, die ich dir bei den Honigperlen to go zur Verfügung stelle.

HONIGPERLEN TO GO
Optimiere dein Money-Mindset
Wähle aus den folgenden Methoden jene aus, die deinen Money-Mindset-Defiziten am besten entgegenwirken.

1. Geld mag mich!
Du hast bemerkt, dass du einige negative Überzeugungen zum Thema Geld in dir trägst? Diese Fragen sind ein erster Schritt, um dein Mindset zum Thema Geld ins Positive zu wandeln. Nimm dir etwas Zeit und beantworte sie schriftlich.
- Was kann man mit Geld Gutes tun?
- Was hast du selbst schon Gutes mit Geld bewirkt?
- Welche Gründe gibt es, um Geld zu mögen?
- Aus welchem Grund sollte Geld dich mögen?

2. Löse negative Geld-Mindsets auf
- Welche negativen Haltungen in Bezug auf Geld hast du während des Lesens dieses Kapitels bei dir entdeckt? Notiere alle Glaubenssätze.
- Versuche nun, diese Sätze mit Kreativität so umzuformulieren, dass sie positiv werden. Zum Beispiel: Statt „Geld stinkt" sagst du: „Geld riecht wie mein Lieblingsparfum." Statt „Geld ist Mangelware" formulierst du: „Geld ist im Überfluss für alle da." Aus „Geld verdirbt den Charakter" wird „Geld verstärkt den Charakter".
- Notiere deine positiven Sätze anschließend auf winzige Zettel. Diese dürfen bunt und schön gestaltet sein.
- Klebe deine neuen Mindset-Sätze nun auf einen Geldschein. JA, auf einen echten Geldschein! Denk daran, ab sofort ändert sich dein Money-Mindset. Du wirst den 10- oder 20-Euroschein entbehren können.
- Stecke diesen Geldschein wieder in deine Geldbörse.

- Immer wenn du ab sofort in der Supermarkt- oder Ticketschlange stehst und deine Geldbörse in die Hand nimmst, ist das die ideale Gelegenheit, einen Blick auf deinen Money-Mindset-Schein zu werfen und dich auf deine positiven Sätze zu besinnen.

3. Fokussiere dich auf die Fülle

Energie folgt der Aufmerksamkeit. Konzentrieren wir uns permanent auf den Mangel, so beschert uns das Leben weiteren Mangel. Fokussieren wir uns hingegen auf die Fülle, so vermehrt sich diese. Mit den nachfolgenden Fragen kannst du eine Wohlstandsbilanz ziehen, die dich bei der Stärkung deines Finanz-Fülle-Bewusstseins unterstützt.

- Durchstreife deine Wohnung und notiere dein wichtigstes Hab und Gut.
- Sieh dich außerhalb deiner Wohnung um und notiere deine Habseligkeiten (zum Beispiel Garten, Auto, Keller).
- Halte deine monatlichen Einnahmen fest. Berücksichtige dabei auch alle Geschenke, Gutscheine und anderen Zuwendungen, die du in den letzten Monaten erhalten hast.
- Überlege dir, welche Erlebnisse und Erfahrungen du durch deine Einnahmen bereits finanzieren konntest (zum Beispiel Urlaub, Ausflüge, Weiterbildungen oder Kurse).

4. Werde dir deines Wertes bewusst

Erinnere dich an die Vorstellung, die ich bereits im Kapitel über Selbstzweifel erwähnt habe. Stelle dir also vor, du bist mit einer Million Selbstwert-Punkten auf die Welt gekommen. Jede negative Erfahrung, jede Kränkung, Enttäuschung und Ablehnung haben dazu geführt, dass dein Kontostand nach unten gerasselt ist. Bei wie vielen Punkten stehst du jetzt? Schätze den Wert einfach intuitiv und notiere ihn schriftlich.

Nun hast du die Möglichkeit, dein Punktekonto aufzufüllen. Für jedes Kompliment und jeden Erfolg, an die du dich erinnerst, sowie für jede Eigenschaft, Fertigkeit und jedes Körperteil, die du an dir magst, erhältst du 10 000 Punkte. Für jeden Menschen, der dich schätzt und liebt, erhältst du 20 000 Punkte. Für jeden Menschen, von dem du weißt, dass du ihm wichtiger bist als alles Geld der Welt, kannst du dir 100 000 Punkte gutschreiben.

Am besten erstellst du dazu eine richtige Rechnung. Fülle deinen Kontostand so lange auf, bis er wieder eine Million Selbstwert-Punkte erreicht. Nimm dir dafür über mehrere Wochen hinweg immer wieder ein paar Minuten Zeit.

5. Optimiere deinen Umgang mit Geld – mach dich frei!

Durch die folgenden Fragen gewinnst du Erkenntnisse, die dir dabei helfen, finanziell unabhängiger zu werden.

- Für welchen Lebensbereich oder für welche Ausgabenkategorie verwendest du Geld, um etwas zu kompensieren?
- Auf was könntest du verzichten, ohne dass es dich unglücklich machen würde?
- Hast du manchmal das Gefühl, du tauschst deine Lebenszeit gegen Geld? Falls ja, so erstelle deinen persönlichen Masterplan. Wo kannst du Geld einsparen und dadurch Lebenszeit gewinnen, indem du beispielsweise deine Arbeitsstunden minimierst?
- Wie würde es sich anfühlen, wenn du genügend Geld auf der Seite hättest, um sechs Monate lang nicht zu arbeiten? Wenn es sich gut anfühlt, entwickle einen Ansparplan, der dir dabei hilft, dein Freiheitsgeldpolster zu erreichen.
- Wogegen möchtest du Geld nicht mehr eintauschen?
- Wofür willst du dein Geld weiterhin bewusst ausgeben?

EINSAMKEIT HAT VIELE FACETTEN

„Ich bin oft einsam, obwohl ich nicht immer allein bin. Da ist niemand, der mir einen wohlwollenden, liebevollen Blick schenkt. Niemand, der sich ehrlich für mich interessiert. Niemand, der mir wirklich zuhört, mich versteht oder sein Glück mit mir teilt. Ich fühle mich häufig unverstanden, andersartig und nicht dazugehörig. Früher dachte ich, das Gefühl der Einsamkeit nähre sich davon, dass ich keinen Partner an meiner Seite hatte. Heute muss ich mir eingestehen, dass das nicht ganz der Wahrheit entspricht. Denn ich fühle mich auch unter Menschen manchmal einsam."

Als mir eine Leserin vor einiger Zeit diese Zeilen schrieb, war ich zutiefst berührt. Mit wenigen Worten hat sie die unterschiedlichen Facetten der Einsamkeit, die uns im Leben begegnen können, auf den Punkt gebracht. Denn nicht nur Menschen, die partnerlos sind oder allein im Haushalt leben, fühlen sich einsam. Auch umgeben von Menschen tritt das unangenehme Gefühl manchmal auf. Zum Beispiel…

- wenn wir uns von unseren Mitmenschen nicht beachtet oder vernachlässigt fühlen,
- wenn wir glauben, dass uns niemand wirklich versteht,
- wenn wir das Gefühl haben, nicht dazuzugehören oder überflüssig zu sein.

Neben diesen Formen der Einsamkeit ist natürlich auch der Klassiker nicht zu unterschätzen: Wer am Samstagabend gern ausgehen oder den Sommerurlaub mit einem lieben Menschen verbringen möchte, aber niemanden findet, der ihm Gesellschaft leistet, der kennt das beklemmende Gefühl der Einsamkeit nur allzu gut. Es ist dazu in der Lage, alle Freude in uns zu löschen, und führt sogar zu depressiven Gedanken. Ständiges Alleinsein – sowohl physisch als auch emotional – ist also durchaus ungesund und kann in einer echten Lebenskrise enden. Aber nicht nur das. Wie das Magazin *Der Spiegel* vor Kurzem berichtete, sterben chronisch einsame Menschen früher als der Durchschnitt.

Aber wie jede Medaille hat auch Einsamkeit zwei Seiten. Bewusstes Alleinsein nämlich kann – richtig angewandt – ein regelrechter Glücksturbo sein. Wer sich regelmäßig Zeit für sich selbst nimmt, in sich hineinhorcht, seine Bedürfnisse erfüllt und sich Tätigkeiten widmet, die ihm Freude schenken, der gewinnt aus dem Alleinsein jede Menge Lebensenergie. Dazu im Kapitel „Warum dein Leben süßer ist, als du denkst" noch mehr. Nun aber zurück zum ungewollten Gefühl der Einsamkeit und seinen drei häufigsten Ursachen.

1. WENN WIR UNS NICHT BEACHTET ODER VERNACHLÄSSIGT FÜHLEN

Wenn wir den Eindruck haben, für eine bestimmte Person nicht wichtig zu sein oder aber von einer ganzen Gruppe von Menschen wie den Kollegen, dem Freundeskreis oder der Familie nicht beachtet zu werden, fühlen wir uns leicht vernachlässigt oder gar wertlos. Eine solche Situation entfacht häufig einen Teufelskreis. Im ersten Schritt passen wir uns dem abweisenden Verhalten unserer Mitmenschen an, indem wir uns verschließen, uns bockig zeigen oder uns mit unserem Selbstmitleid zurückziehen. Das Verhalten der anderen wird dadurch in der Regel noch kühler. Für unser Selbstwertgefühl ist das die absolute Katastrophe. Es sinkt in den Keller.

Um diese Situation aufzubrechen, müssen wir erst mal wieder einen gesunden Level an Selbstwert erreichen. Dazu braucht es ein wenig Abstand – und ein bisschen Zeit. Einige bewährte Methoden zur Stärkung des Selbstwerts hast du in diesem Buch schon kennengelernt. Eine weitere Selbstwert-Strategie, die speziell dabei hilft, die Symptome der Einsamkeit zu lindern, findest du gleich im Anschluss in den Honigperlen to go.

2. WENN WIR UNS UNVERSTANDEN ODER NICHT DAZUGEHÖRIG FÜHLEN

Wenn wir das Gefühl haben, anders zu sein und deshalb weder verstanden noch akzeptiert zu werden, so findet sich die Ursache dafür entweder tatsächlich in unserem Umfeld oder aber es stecken althergebrachte Überzeugungen dahinter. Besonders kontraproduktiv in diesem Zusammenhang sind folgende Glaubenssätze:

- Niemand versteht mich.
- Mit mir stimmt etwas nicht.
- Ich bin anders. Ich bin abnormal.
- Ich gehöre einfach nicht dazu.
- Ich werde ständig ausgeschlossen.
- Mit mir will niemand etwas zu tun haben.

Diese und ähnliche Schlussfolgerungen stammen – wie so viele Glaubensmuster – aus unserer Vergangenheit. Sie fühlen sich deshalb so schmerzhaft an, weil sie dem Gefühl, abgelehnt zu werden, ähneln. Wenn du so einen Glaubenssatz in dir trägst, frage dich, ob er wirklich noch der Wahrheit entspricht. Suche nach Beispielen, die das Gegenteil beweisen. Zum Beispiel: Menschen, von denen du dich verstanden und bei denen du dich zugehörig fühlst. Erinnerungen, die beweisen, dass du durchaus ein Teil einer funktionierenden und harmonischen Gruppe sein kannst. Menschen, die dir das Gefühl geben, dass deine Andersartigkeit liebenswerte Special Effects sind. Mache dir all diese Beweise bewusst und erschaffe daraus neue und gesunde Überzeugungen.

3. WENN NIEMAND DA IST, DER UNSERE SEHNSUCHT STILLT

Die meisten Menschen fühlen sich dann besonders einsam, wenn sie sich nach etwas sehnen, das ihnen aktuell niemand zu geben bereit ist. Bestimmt kennst du das. Du wünschst dir Geborgenheit oder eine Umarmung. Weil du aber gerade Streit mit deinem Partner hattest oder weil du vielleicht aktuell keinen Lebensgefährten hast, wird aus diesem Wunschgefühl eine brennende, unerfüllte Sehnsucht. Meist kommentieren wir diese dann mit den Worten „Ich bin sooooo einsam".

Ähnlich verhält sich das auch mit anderen Wünschen, beispielsweise der Sehnsucht nach einem Samstagabend-Abenteuer, nach jemandem, der dir zuhört, nach körperlicher Zuwendung, nach einem guten Gespräch oder nach einem interessanten Impuls. Werden derartige Wünsche nicht erfüllt, so geben wir gern der Einsamkeit die Schuld daran. In Wahrheit aber schürt die Sehnsucht und nicht der fehlende Mensch an unserer Seite das kränkende Gefühl.

Dass diese Theorie der Wahrheit entspricht, kann ich aus Erfahrung bestätigen. Ich verbringe aktuell, während ich dieses Buch schreibe, sehr viel Zeit allein. Früher wäre es mir dabei nicht gut gegangen. Ich hätte mich nach Austausch, liebevollen Worten und Aufmerksamkeit gesehnt. Heute fühle ich mich auch mit mir allein geborgen und glücklich. Das unangenehme Gefühl von damals kann ich also nicht dem Alleinsein zuschreiben. Es lag tatsächlich an den nicht erfüllten Sehnsüchten. Der Unterschied zu heute ist, dass ich gelernt habe, mir diese selbst zu erfüllen. Wie das funktioniert?

Am besten fragst du dich immer dann, wenn du dich besonders einsam fühlst, wonach du dich gerade am meisten sehnst. Stelle dir dabei vor, was ein anderer Mensch tun müsste, damit es dir besser geht. Vielleicht lautet die Antwort: „Sie/Er müsste mich in den Arm nehmen, mich wertschätzen, loben oder unterhalten." Deine Antwort macht deutlich, was du selbst tun kannst, um die Einsamkeit einzudämmen. Nämlich genau das, was du von demjenigen erwartest, der dich vom Alleinsein befreien soll. Im Kapitel „Unerfüllte Erwartungen" findest du bereits einige Anregungen dazu, wie du deine Sehnsüchte selbst stillen kannst. In den Honigperlen to go gibt es einen weiteren Ideenkatalog dazu.

HONIGPERLEN TO GO
Mache dir selbst Liebesgeschenke
Um das Gefühl der Einsamkeit zu bremsen und deinen Selbstwert auf Vordermann zu bringen, ist es sinnvoll, dich mit Liebe, Anerkennung, Hilfsbereitschaft, Wertschätzung und Zärtlichkeit zu beschenken. Du wirst überrascht sein, wie schnell sich die Einsamkeit in eine Glücksquelle verwandeln kann.
- Du sehnst dich nach anerkennenden Worten und Liebe? Frage dich: Wofür habe ich Lob und Komplimente verdient? Und dann greife zu Papier und Stift und schreibe dir selbst einen Lobbrief. Zum Beispiel: Liebes Ich! Ich finde an mir besonders toll: mein Durchhaltevermögen, meine Hilfsbereitschaft, dass ich gut zuhören kann, mein hübsches Lächeln oder meine zuvorkommende Art.
- Du sehnst dich nach Zuneigung und ungeteilter Aufmerksamkeit? Nimm dir bewusst Zeit für dich. Ja, für dich ganz

allein! Lausche deinen Gedanken und frage dabei interessiert und liebevoll nach – so wie du es auch bei einem guten Freund tun würdest. Frage dich:
- Was beschäftigt mich zurzeit?
- Was fehlt mir? Was wünsche ich mir?
- Welche Gefühle stehen im Vordergrund? Sind sie angenehm oder eher belastend?
- Was kann ich tun, damit es mir besser geht? Was brauche ich jetzt?

- Du sehnst dich nach Wertschätzung? Dann mache dir selbst ein liebevolles Geschenk. Wähle es sorgfältig aus und kaufe auch gleich noch eine Grußkarte und vielleicht einen Strauß Blumen dazu. Anschließend verpackst du es noch. Das klingt etwas skurril, macht aber irre viel Spaß.
- Du sehnst dich nach menschlicher Nähe? Investiere deine Liebe und Hilfsbereitschaft in Menschen, die sich garantiert über dein Engagement freuen. Beispiele: Besuche Senioren im Altersheim, unterstütze eine ehrenamtliche Organisation, biete deiner 70-jährigen Nachbarin oder einem gebrechlichen Bekannten deine Hilfe beim Einkaufen an, setze dich für die Kinderkrebshilfe ein, zaubere ein leckeres Essen und gib der Bettlerin an der nächsten Straßenecke oder anderen Bedürftigen etwas davon ab.
- Du sehnst dich nach Zärtlichkeit? Egal, ob du Single oder vergeben bist – meist gibt es im Alltag viel zu wenig Zärtlichkeiten. Deshalb umarme dich zwischendurch einfach selbst. Zum Beispiel gleich nach dem Aufstehen. Schenke dir auch eine Selbststreicheleinheit. Wenn dir das komisch vorkommt, kannst du deinen Körper auch genussvoll und achtsam mit einer Bodylotion eincremen. Und bevor du das Badezimmer verlässt, wirfst du deinem Spiegelbild vielleicht noch ein Küsschen zu.

WENN DEINE ZUNEIGUNG NICHT ERWIDERT WIRD

Wenn sich unser Herz einmal in einen Menschen vernarrt hat, tut sich der Verstand schwer, es davon zu überzeugen, dass es auf dem Holzweg ist. Fast niemand von uns bleibt im Laufe seines Lebens von dieser schmerzhaften Erfahrung verschont. Meist kennen wir diese Situation aus der Liebe. Aber auch in Freundschaften kann dieses Phänomen auftreten, dem ein psychologisches Prinzip zugrunde liegt. Erst neulich unterhielt ich mich mit meiner guten Freundin Franziska genau darüber.

„Einen Großteil unserer Gedanken verschwenden wir an Menschen, denen wir nicht wichtig sind", behauptete sie. Ich fragte interessiert nach, wie sie das genau meinte: „Denk doch mal an unsere Sturmzeit zurück. Wenn ich mich in jemanden verliebt habe, der kein Interesse an mir hatte, habe ich unzählige Stunden damit verbracht, wehmütig an ihn zu denken. Ich habe mir ausgemalt, was er gerade tut, was er denkt und wie er fühlt. Ich habe jeden seiner Sätze auf die Waagschale gelegt und zum Anlass genommen, weitere Stunden über ihn nachzudenken. Gab es dann umgekehrt einen Mann, der sich offensichtlich für mich interessierte, hielt sich meine Grübelei meist in Grenzen." Sofort wurde mir bewusst, auf welches Phänomen Franziska damit anspielte: „Du meinst, wenn wir jemandem hinterherlaufen und ihm all unsere Gedanken schenken, beachtet er uns meist nicht. Wenn wir uns hingegen rar machen und kein Interesse zeigen, werden wir oft zum Star." Franziska bejahte: „Genau, mach dich rar, sei ein Star!"

Nach dem Gespräch wollte ich herausfinden, ob dieses Phänomen auch außerhalb des Bereichs „Liebe" und mit erheblich mehr Reife noch zutrifft. Ich fragte mich, ob wir uns tatsächlich um all jene Menschen besonders bemühen, die sich nicht für uns interessieren, und im Gegenzug jenen, die „zu nett" sind, die kalte Schulter zeigen. Denn wenn dem so wäre, würde das bedeuten, dass wir einen großen Teil unserer Lebenszeit falsch investieren. Diese Missachtung wiederum würde unserem Selbstwert abermals Schläge verpassen und das Gefühl der ungewollten Einsamkeit verstärken.

Ich musste nicht lange recherchieren, da stieß ich auf einen Artikel, der bestätigte, dass das Prinzip „Mach dich rar, sei ein Star" gerade zu Beginn von Liebesbeziehungen tatsächlich der Wahrheit entspricht. Aus psychologischer Sicht liegt das daran, dass wir jemanden, der sich uns entzieht, in der Regel als besonders wertvoll wahrnehmen. Während er uns abweisend behandelt, stellen wir ihn unbewusst auf ein Podest. Je mehr er uns ignoriert, desto stärker wird unsere Sehnsucht. Seine Ablehnung gibt uns das Gefühl, kämpfen zu müssen. Und alles, worum man kämpfen muss, erscheint uns Menschen besonders wertvoll. Schlussendlich haben wir dann viel Zeit und Energie investiert. Wenn umgekehrt uns jemand auf ein Podest befördert, indem er uns anhimmelt und mit Wertschätzung und Liebesbeweisen überschüttet, führt das leider häufig dazu, dass wir auf diesen Menschen herabschauen und seinen Wert als nicht besonders hoch einschätzen.

Kurz zusammengefasst handelt es sich dabei um ein ziemlich mieses, aber leider weitverbreitetes Phänomen. Diese Taktik verändert sich zwar, sobald Menschen eine tiefgründige und längere Beziehung zueinander eingehen, aber ganz frei davon werden wir in der Regel nicht. Es kommt also auch in Freundschaften und in der Partnerschaft vor, dass der eine die Podestrolle einnimmt und wenig investiert, während der andere ihn mit Liebesbeweisen überhäuft. Wer sich in einer solchen Konstellation befindet und dabei derjenige ist, der sehnsüchtig zum anderen aufschaut, der weiß: Nicht wichtig zu sein, tut weh! Verweilt man zu lange in einer derartigen Situation, kann das viele negative Folgen haben:

- Das Glaubensmuster „Ich bin nicht wichtig" bohrt sich tief in unser Unterbewusstsein ein.
- Der Punktestand auf unserem Selbstwert-Konto stürzt rapide ab.
- Die Frage „Was stimmt bloß nicht mit mir?" drängt sich immer wieder auf.
- Die Überzeugung „Ich bin es nicht wert, geliebt zu werden" brennt sich ein.
- Weitere negative Glaubenssätze wie „Ich bin nicht schön, begehrenswert oder gut genug" finden im Verhalten des anderen ihre bittere Bestätigung.
- Wir verschwenden kostbare Lebenszeit und Gedankenenergie an jemanden, der unsere Zuneigung nicht verdient.

Kein Wunder also, dass das Unglück nicht mehr weit ist, wenn wir unsere Zuneigung einem Menschen zukommen lassen, der diese nicht erwidert. Bedauerlicherweise bemerken wir diesen Mechanismus meist lange Zeit nicht. Wir verrennen uns stattdessen in die Idee, um einen besonders wertvollen Menschen zu kämpfen. Der Gewinn erscheint derart groß, dass wir dabei unser eigenes Wohlbefinden vergessen. Statt die Momente im Hier und Jetzt und die Zeit mit denjenigen, die uns Liebe schenken, zu genießen, verirren wir uns in düsteren Gedanken, die unser Selbstwertgefühl in den Keller sinken lassen. Hie und da gibt uns der Verstand dann einen Hinweis, indem er beispielsweise meint: "Tu dir das nicht an", oder: "Du musst doch niemandem hinterherlaufen." Aber das Herz ist meist stärker und beharrt auf unseren Investitionen.

Der Grund, warum ich die Auswirkungen dieses Phänomens so detailliert schildere, ist, dass es nur einen Rettungsanker gibt, der uns befreien kann. Und das ist die Bewusstwerdung. Nur wer erkennt, dass er ein Opfer des "Mach dich rar, sei ein Star"-Prinzips ist, hat die Chance auszubrechen. Und genau das ist das einzige Ziel, das wir uns setzen sollten, wenn wir in einer solchen Konstellation gefangen sind. Wenn bei dem Gedanken daran die Angst vor Einsamkeit in dir emporsteigt, kann ich dich beruhigen: Erfülltes Alleinsein ist die wesentlich bessere Alternative.

> *Anstatt deine Zeit mit einem Menschen zu verbringen, der dich nicht schätzt, kannst du sie nutzen, um gut für dich selbst zu sorgen.*
>
> Melanie

Du kannst dir die Aufmerksamkeit, Zuneigung und Liebe, die du dem anderen so lange hast zukommen lassen, während er sie dir umgekehrt verwehrte, endlich selbst schenken.

Bestimmt fragst du dich nun, worin das Geschenk dieser Situation liegt. Indem wir erkennen, welcher Mechanismus sich dahinter versteckt, bekommen wir nicht nur die Chance, uns davon zu lösen, sondern wir nehmen auch eine Erkenntnis mit: Sollten wir wieder einmal in die "Mach dich rar, sei ein Star"-Falle tappen, so werden wir das frühzeitig erkennen und uns daraus befreien können – lange bevor der Schmerz zuschlägt.

Das Wissen um diesen Mechanismus ermöglicht uns außerdem, Beziehungen auf Augenhöhe zu führen. In der Partnerschaft zum Beispiel bemerken wir sofort, wenn wir selbst Gefahr laufen, zum Star zu werden, und können so frühzeitig die Notbremse ziehen. Zuletzt sind das Erkennen und Aufdecken der Situation auch als Aufforderung zu verstehen, sich selbst endlich so zu behandeln, wie man es verdient hat.

HONIGPERLEN TO GO

Sag adieu zu Menschen, denen du nicht wichtig bist
Statt Zeit mit Menschen zu vergeuden, die dich nicht genug zu schätzen wissen, verabschiedest du dich besser von ihnen.

Leite deine Gedanken um
Immer dann, wenn du bemerkst, dass dich die Gedanken an jenen Menschen, dem du nicht wichtig bist, traurig stimmen, kannst du diese bewusst umleiten. Dafür erstellst du am besten vorab eine Liste, auf der du all jene Menschen notierst, die dich lieben, schätzen oder bewundern. Wenn es so weit ist, wählst du eine Person von dieser Liste aus und stellst dir vor, wie sie anerkennend und wohlwollend zu dir spricht. Lass diese Person dir in deiner Vorstellung sagen, was sie an dir mag, schätzt und wieso du für sie so wertvoll bist.

Pakete schnüren und wegschicken
Packe alle Gegenstände, die dich an jene Person erinnern, in eine Schachtel. Suche dafür entweder ein Plätzchen im Keller oder verschenke den Inhalt, etwa an eine karitative Organisation. Mache dasselbe gedanklich mit deinen Erinnerungen und schnüre ein mentales Paket. Anschließend stellst du dir vor, wie du dieses Paket auf eine einsame Insel bringst oder es mit dem nächsten Schnellzug in die Ferne schickst.

ROMANTIK-BAUSTELLEN

Der letzte leidenschaftliche Kuss scheint Jahre her zu sein. Die wenigen Worte, die man miteinander austauscht, beziehen sich meist auf die Organisation des Alltags. Und das Zusammenleben, das früher so gut geklappt hat, wird immer öfter durch eine herumliegende Socke oder eine nicht abgewaschene Kaffeetasse zu einer mittelgroßen Katastrophe. Wut, Abscheu, Frustration und Traurigkeit breiten sich aus. Nimmt man dann ab und zu doch seinen Mut zusammen und versucht, die offenen Konflikte zu klären, endet das meist in einem Streitgespräch, das von Schuldzuweisungen dominiert wird. In einem ruhigen Moment der Klarheit stellt man fest: Man steckt in einer Beziehungskrise. „Warum gerade wir?", fragt man sich und blickt wehmütig auf die Nachbartür, wo die Romantik scheinbar noch nicht verloren gegangen ist. Aber der Schein trügt. Denn jede Beziehung wird früher oder später vom Krisenmonster heimgesucht.

Die Autorin Eva-Maria Zurhorst garantiert sogar, dass jede Partnerschaft irgendwann den toten Punkt erreicht. Sie sagt aber auch, dass Krisen dazu da sind, um das Zusammenleben und die Liebe wieder voranzubringen. Ich gehe da noch einen Schritt weiter und behaupte, dass Liebeskrisen außerdem die Chance bieten, sich selbst gemeinsam mit dem Partner neu zu erfinden. Bevor ich darauf näher eingehe, möchte ich erläutern, woran man eine Romantik-Baustelle erkennt:

- Sprachlosigkeit: Man hat das Gefühl, sich nichts mehr zu erzählen zu haben. Die gemeinsame Gesprächsbasis scheint auf der Strecke geblieben zu sein.

- Konflikte: Immer öfter tritt Streit auf – oft wegen Nichtigkeiten wie der Aufgabenverteilung im Haushalt.
- Trigger: Eine bestimmte Angewohnheit, ein Geräusch oder ein Satz, den der Partner von sich gibt, bringt einen „grundlos" auf die Palme.
- Eifersucht: Man hat das Gefühl, den Partner emotional verloren zu haben, und reagiert mit Misstrauen und Wut.
- Schuldzuweisungen: Statt gemeinsame Lösungen für auftretende Probleme zu finden, schiebt man sich gegenseitig die Schuld zu.
- Kränkungen: Immer öfter trifft der Partner die eigenen wunden Punkte. Oft vermutet man sogar eine Absicht dahinter. Man schlussfolgert, dass der andere einen bewusst verletzt.
- Rückzug: Einer der Partner isoliert sich immer häufiger. Die emotionale Distanz und Entfremdung schreitet dadurch ungehindert fort.

Natürlich gibt es noch viele weitere Merkmale, die eine individuelle Beziehungskrise aufweisen kann. Trifft aber einer der obigen Punkte zu, so kann man sicher sein, dass sich die Romantik-Baustelle nicht von selbst in Luft auflösen wird. Es ist also an der Zeit, die Chance der Krise bewusst zu nutzen.

DREI CHANCEN EINER BEZIEHUNGSKRISE

1. Restart

Eine Krise in der Partnerschaft ist völlig natürlich. Sie ist ein Zeichen dafür, dass sich die Partner im Laufe der Zeit verändert und weiterentwickelt haben. Da es sich auch bei Liebenden um zwei Individuen handelt, ist es sehr wahrscheinlich, dass sie nicht den identischen Weg der Weiterentwicklung gegangen sind. Dadurch entstehen zuerst Konflikte und später kommt es zu einer Krise. Kurzum zeugt eine Beziehungskrise also davon, dass kein Stillstand herrscht. Und das ist gut. Durch die Veränderung der beiden Partner ergibt sich die Notwendigkeit, die Beziehung zu erneuern. Alte Gewohnheiten müssen überprüft, neue Bedingungen für das Zusammenleben definiert und nicht erfüllte Bedürfnisse zur Sprache gebracht werden.

Das benötigt natürlich Zeit und Engagement. Weil aber niemand gern Zeit damit verbringt, Baustellen aufzuräumen, finde ich die Idee, sich gemeinsam neu zu erfinden oder – anders gesagt – sich gemeinsam etwas Neues aufzubauen, wesentlich schöner. Man könnte sogar einen Schritt weiter gehen, die alte Beziehung beenden und stattdessen gemeinsam eine neue beginnen. Schließlich verändern wir uns täglich. Wir sind nicht mehr der Mensch, der wir vor drei Jahren waren. Warum also nicht als zwei neue Menschen wieder aufeinandertreffen und durchstarten? Nicht umsonst heiraten immer mehr Menschen nach 10 oder 20 Jahren Ehe noch einmal. Der Neustart kann uns neuen Auftrieb geben.

Verändert man gemeinsam mit dem Partner die Bedingungen der Beziehung, so entsteht dadurch auch oftmals Platz, sich selbst weiterzuentwickeln. Es ist wie mit allen Veränderungen: Sie bringen Dinge ins Rollen und haben eine ansteckende Wirkung auf andere Lebensbereiche. Denke zum Beispiel an deinen letzten Jobwechsel, die Geburt deines Kindes oder einen Umzug. Bestimmt haben derartige Geschehnisse auch dich, dein Mindset, deinen Umgang und deine Gewohnheiten verändert. Du kannst die Chance der Krise also auch dazu nutzen, um dich selbst bewusst zu erneuern, neue Dinge auszuprobieren, dich mit dir selbst auseinanderzusetzen. Du kannst heute die Partnerin oder der Partner werden, die oder der du immer sein wolltest.

2. Lösung statt Schuld

Noch vor ein paar Jahren war ich eine Meisterin im Schuldzuweisen. Wie so viele Menschen suchte ich für alles, was in meinem Leben schieflief, einen Verantwortlichen. So auch in meiner Partnerschaft. Zufällig war mein Partner ebenso ein Experte darin, die Schuld abzuschieben. Warum dieses Verhalten in unserer Gesellschaft weitverbreitet ist, liegt auf der Hand. Es gibt kaum eine einfachere Möglichkeit, sich von Verantwortung und Frust zu befreien, als das Finden eines Schuldigen. Meine Erfahrung hat mich aber auch gelehrt, dass diese Methode nur kurzfristig zu einem erhabenen Gefühl führt und die Lage hinterher bloß verschlechtert. Schuldzuweisungen lösen nicht nur verbale Konflikte aus, sondern hinterlassen auch Narben und eisige Kälte. Die Vertrauens- und Kommunikationsbasis in der Partnerschaft verschlechtert sich dadurch maßgeblich.

Als sich die Situation in meiner Partnerschaft damals zuspitzte, startete ich glücklicherweise zeitgleich eine Ausbildung zum lösungsorientierten Coach. Bei dieser Art des Coachings lässt man das eigentliche Problem und vor allem die Tatsache, wie dieses zustande kam, einfach links liegen. Stattdessen konzentriert man sich auf die Lösung und darauf, wie man diese erreicht. Obwohl ich die Theorie sehr rasch verstand, brauchte ich meine Partnerschaft und ihre Konflikte, um zu lernen, wie man tatsächlich lösungsorientiert agiert. Dazu ein Beispiel:

Mein Partner und ich waren zu der Hochzeit eines alten Freundes eingeladen. Rechtzeitig machten wir uns auf den Weg zur Event-Location. Dort angekommen, stellten wir verblüfft fest, dass außer uns niemand vor Ort war. Der Grund dafür war, dass wir bei der Eingabe ins Navigationssystem das falsche Bundesland ausgewählt hatten. „Hast du wegen des Ortes nicht in die Einladung gesehen?", fragte ich meinen Partner genervt und warf einen hektischen Blick auf die Uhr. „Ich war ja mit dem Fahren beschäftigt. Hättest ja du machen können", blaffte er mich an. „Na toll, du kümmerst dich nie um etwas. Das kann mir wirklich nur mit dir passieren", keifte ich zurück, bevor mir plötzlich die Lösungstheorie in den Sinn kam. „Stopp", rief ich. „Ist doch egal, wie das Problem entstanden ist. Wir sollten uns überlegen, was wir jetzt machen, um zumindest noch einen Teil der Hochzeit mitzuerleben." Sofort änderte sich die Tonlage meines Partners. Eine knappe Stunde später waren wir am richtigen Ort und genossen gemeinsam das Fest. Hätte ich an diesem Tag den Lösungshebel nicht umgelegt, wären wir vielleicht trotzdem noch bei der Hochzeit gelandet, aber die Stimmung zwischen uns wäre im Eimer gewesen. Seither wende ich die Lösungstechnik nicht nur in der Partnerschaft an, sondern in allen Lebensbereichen. Mein Leben ist dadurch um einiges konfliktärmer und leichter geworden.

> *Der Lösung ist es egal,*
> *wie und durch wen*
> *das Problem zustande kam.*
>
> Melanie

3. Emotionsknöpfe

Besonders leidvoll sind Streitigkeiten dann, wenn der Partner immer wieder unsere wundesten Punkte trifft. Bei Saskia und Tobias war das der Fall. Wenn es zu einem Alltagskonflikt kam, endete dieser fast immer damit, dass Tobias Saskia lauthals anschrie. Sein temperamentvolles Gemüt überforderte

Saskia derart, dass sie daraufhin schleunigst die Flucht ergriff, indem sie beispielsweise das Lokal, in dem sie sich trafen, oder aber die Wohnung verließ. Beide Partner verzweifelten an dieser Situation. Saskia fühlte sich tief getroffen und verletzt. Lange Zeit wusste sie nicht, woher dieses Gefühl rührte, und schob Tobias die ganze Schuld dafür zu. In Wahrheit aber erinnerte sie Tobias erhobene Stimme an das Geschrei ihrer Mutter, das sie als Kind immer hatte ertragen müssen. Das Gefühl der Machtlosigkeit und die Verletzungen von damals stiegen jedes Mal, wenn sich ein Konflikt mit Tobias anbahnte, erneut in ihr hoch.

Bei Tobias verhielt sich das ähnlich. Sobald Saskia ihn allein im Regen stehen ließ, erinnerte ihn das an seinen Vater, der in seiner Kindheit nur selten für ihn da gewesen war. Jedes Mal, wenn er verschwand und wochenlang nicht mehr nach Hause kam, schlussfolgerte Tobias, dass sein Vater ihn nicht genug liebte. Saskias Verhalten rief diese Erlebnisse wieder in ihm wach.

Mit derartigen Emotionsknöpfen sind die meisten von uns ausgestattet. Der Partner dient in diesem Fall nur als Spiegel. Er zeigt uns durch das aufkeimende Gefühl der Verletzung, wo in unserer Vergangenheit es noch etwas zu heilen gibt. Dadurch erhalten wir die Chance, diese Emotionen endlich aufzuarbeiten und zu befreien. In den Kapiteln „Die wunden Punkte" und „Wenn das innere Kind noch immer weint" finden sich einige Anregungen dazu, wie wir es schaffen können, diese alten Verletzungen zu heilen.

HONIGPERLEN TO GO

So räumt man Romantik-Baustellen auf

- Gespräche sind das A und O. Gerade in der Krise sollte man sich regelmäßig Zeit dafür nehmen.
- Entwirf mit deinem Partner einen Restart-Plan. Die Idee, sich gemeinsam neu zu erfinden, darf und soll laut ausgesprochen werden. Nur so ist es möglich, die neuen Bedingungen des Zusammenlebens herauszufinden.
- Stelle dir folgende Fragen: Wie möchte ich als Partner/in gern sein? Welches Verhalten möchte ich hinter mir lassen oder verändern? Und welches Verhalten möchte ich mir neu aneignen?
- Forciere die Zweisamkeit. Unternimm so oft wie möglich etwas Schönes gemeinsam mit deinem Partner, um die emotionale Distanz, die im Laufe der Zeit entstanden ist, wieder zu verringern. Das kann zum Beispiel ein Theaterbesuch, ein Wellnesswochenende, ein Städtetrip, ein romantisches Dinner, eine Wanderung, ein Abenteuer wie eine Heißluftballonfahrt, ein Tauch- oder Tanzkurs sein.
- Schreibe deinem Partner einen Liebesbrief, der auch dich dabei unterstützt, dich wieder an seine guten Seiten und an jene Person zu erinnern, in die du dich damals verliebt hast. Teile ihm darin alles mit, was du an ihm schätzt, magst und wofür du ihm dankbar bist. Abschließend kannst du auch realistische und lösungsorientierte Wünsche an ihn herantragen.
- Lass die Schuldfrage ein für alle Mal hinter dir. Versuche bei jedem Problem, das auftritt, sofort auf die Lösungsebene zu switchen. Auch dann, wenn dein Partner sich vorerst nur schwer von der Schuld- und Problemebene befreien kann. Merke dir: Der Lösung ist es egal, woher das Problem kam.

MEIN KÖRPER MACHT
SEIN EIGENES DING

Eine WhatsApp-Kommunikation:

>Gerald: Hab dich heute früh in der Zeitung entdeckt. Sehr cool!
>Melanie: Super, freu mich! Läuft richtig gut mit der Pressearbeit.
>Gerald: Und wie läuft es mit dem Blog?
>Melanie: Hervorragend. Ich habe mittlerweile 200 000 Abrufe pro Monat. ☺
>Gerald: Nicht schlecht! Das tut sicher auch deinen Buchabsätzen gut.
>Melanie: Ja. Der Verlag ist megazufrieden.
>Gerald: Und dein erstes Keynote-Speaking* – wie war das?
>Melanie: Ich war richtig nervös, aber der Applaus zum Schluss hat mich voll entschädigt. Danke noch mal für deine Tipps diesbezüglich.
>Gerald: Gerne. Du bist ja nicht mehr zu bremsen!
>Melanie: Stimmt. ☺
>Gerald: Es gibt nur einen, der stärker ist als du. ☺
>Melanie: Wer denn bitte?
>Gerald: Dein Körper.
>(* Vortrag vor mehreren Hundert Menschen)

Dieser WhatsApp-Schriftwechsel entstand vor einigen Monaten, als ich gerade mein erstes Buch herausgebracht hatte, zwischen mir und einem langjährigen Freund. Für die Einleitung dieses Kapitels hätte ich keine bessere Anekdote finden können, denn Geralds Aussage trifft die Rolle, die mein Körper in meinem Leben spielt, auf den Punkt. Ich bin wahrlich gut darin, mein Leben immer wieder neu und nach meinen Vorstellungen zu gestalten. Ich agiere dabei wie ein Vorstand, der sein ganzes Team wie seine Fähigkeiten, sein Engagement, seine mentalen Kräfte, seine Kreativität und sein Knowhow dazu motiviert, alles zu geben, um ein bestimmtes Ziel zu erreichen. Nur ein einziger lässt sich von diesem Vorstand nichts sagen: mein Körper. Er macht sein eigenes Ding.

Letzteres kennst du bestimmt aus eigener Erfahrung: Dein Verstand sehnt sich die Erreichung deines Wunschgewichts, die Linderung bestimmter Symptome oder eine Genesung herbei, aber dein Körper spielt einfach nicht mit. Egal, was du machst, dein körperliches Ziel scheint nicht erreichbar zu sein.

Hier findest du einige Probleme, die unserem Wunsch nach körperlichem Wohlbefinden und Gesundheit einen Strich durch die Rechnung machen können:

- Organschwächen (zum Beispiel Magen, Blase, Leber),
- Hautkrankheiten, Hautirritationen, Hauttrockenheit, Akne,
- Lebensmittelunverträglichkeiten, Allergien,
- schwaches, hängendes Gewebe,
- Übergewicht oder Untergewicht,
- Autoimmunerkrankungen,
- chronische Schmerzen oder Krankheiten (Blasenentzündung, Kopfschmerzen, Migräne, Rückenschmerzen, Gastritis, Reizmagen, Reizdarm, Asthma et cetera),
- schulmedizinisch unheilbare Krankheiten,
- psychosomatische Beschwerden wie Tinnitus, Panikattacken oder Zungenbrennen,
- sich wiederholende Infekte,

- Schlafstörungen,
- chronische Müdigkeit,
- Energie- und Antriebslosigkeit,
- Haarausfall,
- Kurzatmigkeit, mangelnde Ausdauer, hoher Blutdruck,
- Abnutzungserscheinungen des Bewegungsapparates.

Wenn du dich in der Vergangenheit bereits mit der Mentallehre beschäftigt hast, überrascht es dich bestimmt, dass dein Wille in Bezug auf deine körperlichen Defizite wenig Auswirkungen hat. Schließlich heißt es, dass Gedanken dazu in der Lage sind, Materie – also auch unseren Körper – zu beeinflussen. Der sogenannte Placeboeffekt beweist auf der medizinischen Ebene, dass pure Gedankenkraft Krankheiten vollständig heilen kann: Dem Patienten wird bei seiner Behandlung eine Scheinarznei verabreicht. Allerdings weiß er nicht, dass es sich dabei um kein echtes Medikament handelt, und hegt entsprechende Erwartungen. Sein Glaube an die Wirkung des Präparats führt schlussendlich zur Besserung oder gar zur Heilung. Im Laufe meiner Erkrankung habe ich mich oft gefragt, wieso es nicht möglich ist, einen derartigen Effekt mit bewussten positiven Gedanken herbeizuführen. Mittlerweile glaube ich, die Antwort darauf gefunden zu haben.

Während wir – damit meine ich dich und mich in der Rolle des Vorstands sowie unsere Kumpane, den Verstand und den Willen – alle gemeinsam an einem Strang ziehen, um bestimmte Ziele wie Glück, Anerkennung, Erfolg, Liebe und Wohlstand zu erreichen, hört der Körper auf einen anderen Boss. Sein Vorgesetzter ist die Seele. Sie kann sich selten klarer Worte bedienen und zeigt ihre Bedürfnisse in Form von Gefühlen. Überhören oder besser gesagt überfühlen wir diese immer und immer wieder, so greift sie zu radikalen Maßnahmen und holt ihren großen Bruder, den Körper, zu Hilfe. Er soll uns zeigen, dass die Richtung, die wir eingeschlagen haben, nicht mehr ganz stimmig ist. Bei seiner Vorgehensweise ist er leider unbarmherzig. Oft aber hat er keine andere Wahl. Viele Menschen halten erst dann inne und überdenken ihre Lebensweise, wenn sie körperlich außer Gefecht gesetzt werden. Aber keine Sorge, eine körperliche Unstimmigkeit oder eine Krankheit bedeutet nicht gleich, dass wir alles im Leben falsch gemacht haben. Nein, sie weist uns meist auf spezifische Teilbereiche unseres Lebens hin und zeigt uns Optimierungs- oder Veränderungsmöglichkeiten.

Diesen eben beschriebenen Mechanismus kann man auch als Zusammenspiel von Körper, Verstand und Seele betrachten. In der Schulmedizin spricht man von „Psychosomatik". Da jeder von uns erwiesenermaßen eine Psyche hat, ist auch jeder auf unterschiedliche Weise von diesem Zusammenspiel betroffen. Um die Botschaft des Körpers zu verstehen, ist es gut, ein paar Fakten über Psychosomatik zu wissen:

- Psychosomatik ist die Lehre davon, wie Körper und Seele sich gegenseitig beeinflussen. Leidet die Seele, so leidet oftmals auch der Körper.
- Unsere Gedanken beeinflussen unsere Gefühle, und diese beeinflussen dann wiederum unsere Zellen und Organe. Auch die Schulmedizin kennt diesen Zusammenhang.
- Das bedeutet, dass negative Gefühle wie Angst, Ärger und Panik körperliche Symptome hervorrufen können. Weitverbreitete Magenprobleme finden ihren Ursprung oft nicht in der Ernährung, sondern gehen mit Stressgefühlen einher. Der Magen verkrampft sich und produziert dadurch mehr Säure. Die Folgen sind Krämpfe, Übelkeit, Verdauungsprobleme oder Magengeschwüre.

Der Schlüssel zur Gesundheit oder zum Wohlfühlzustand liegt häufig in der Seele. Der Körper ist lediglich eine Ausdrucksform ihrer Bedürfnisse.

MELANIE

- Psychosomatik findet sich auch in Redensarten wieder, die in unserer Kultur schon Jahrhunderte Bestand haben. Nicht umsonst heißt es etwa: Ein Problem bereitet Kopfzerbrechen, etwas geht uns an die Nieren oder unter die Haut, man nimmt sich etwas zu Herzen, jemandem läuft die Galle über oder etwas liegt schwer im Magen.
- Von einer „psychosomatischen Krankheit" spricht man dann, wenn körperliche Beschwerden vorliegen, für die es keine eindeutige medizinische Ursache gibt (zum Beispiel Tinnitus, Panikattacken oder Zungenbrennen).
- Aber auch anderen Beschwerden wie einer Blasenentzündung, Haarausfall oder Übergewicht liegt häufig ein seelischer Ursprung zugrunde.
- Psychosomatik bedeutet umgekehrt NICHT: Wer körperlich gesund ist, ist auch automatisch seelisch gesund. Die Fähigkeit der Seele, Einfluss auf den Körper zu nehmen, ist bei Menschen unterschiedlich ausgeprägt.
- Spirituelle Menschen, etwa der Autor Dr. Ruediger Dahlke, weisen jedem körperlichen Symptom ein seelisches Bedürfnis zu. Tausende Menschen finden darin Unterstützung in ihrer Genesung.

Nun ist uns bewusst, warum der Körper oftmals nicht auf unseren Verstand hört. Der Schlüssel zur Gesundheit oder zum Wohlfühlzustand liegt häufig in der Seele. Der Körper ist lediglich eine Ausdrucksform ihrer Bedürfnisse. Die wesentliche Frage, die es jetzt noch zu beantworten gilt, ist: Wie finden wir heraus, was uns die Seele über den Körper mitteilen will?

Dafür gibt es unterschiedliche Wege. Manchmal wissen wir intuitiv sofort, was wir zu tun beziehungsweise zu lassen haben. Oft wollen wir genau das aber nicht wahrhaben und ignorieren die Stimme in uns penetrant. Zum Beispiel, wenn wir gerade auf dem Erfolgsweg sind und keine Zeit für eine Pause haben. Etwas in uns schreit nach Ruhe, aber wir hören nicht hin. So lange, bis die körperlichen Symptome oder die Krankheit derart unerträglich werden, dass uns nichts anderes mehr übrig bleibt, als das Bett zu hüten.

Häufig ist die Suche nach der Botschaft oder die Erfüllung der Bedürfnisse aber komplexer. Hinter der notwendigen Ruhe verbergen sich weitere Sehnsüchte, die man durch einen tiefgründigen Dialog zum Vorschein bringen kann. Dazu kommuniziert man mit dem betroffenen Organ, der Körperstelle oder der Krankheit selbst. Am besten tut man das im meditativen Zustand. Obwohl man dabei – rational betrachtet – ein Selbstgespräch führt, empfangen wir durch die bildhafte Kommunikation und das Einlassen auf das Gespräch häufig erstaunlich klare Botschaften. Wichtig bei diesem Dialog sind die richtigen Fragen, die ich im Anschluss in den Honigperlen to go noch verrate.

Ebenso relevant für die Genesung und die Befreiung des Körpers von den unerwünschten Symptomen ist die richtige mentale Ausrichtung. Hierzu habe ich acht Tipps aus meinem eigenen Erfahrungsschatz mitgebracht.

- Annahme: Niemand, der täglich an starken körperlichen Symptomen leidet, kann diese einfach akzeptieren.
Oft braucht es dazu einen langen Leidensweg, und selbst dann ist die Annahme häufig noch schwierig. Ich habe mir deshalb während der Akutphase meiner Erkrankung folgenden Gedanken zurechtgelegt: „Heute akzeptiere ich meinen Schmerz, so, wie er ist. Heute kann ich nichts daran ändern, deshalb lasse ich ihn sein. Morgen oder in drei Wochen aber kann und darf sich alles ändern."

- Geduld: Egal, welche Maßnahmen du bereits vorgenommen hast, nichts davon war vergeblich. Es gilt zu bedenken, dass es oft Jahre gedauert hat, bis eine Krankheit oder ein Symptom zum Ausbruch kam. Umgekehrt braucht es nun auch eine gewisse Kontinuität und Ausdauer, bis unsere Bemühungen wirken. Stelle dir bei allem, was du zum Wohle deiner Gesundheit tust, bildlich vor, wie es sich positiv auf deinen Körper auswirkt.
- Positiv denken und handeln: Sei dir darüber bewusst, dass deine Seele, ebenso wie sie deinen Körper negativ beeinflussen kann, auch eine positive Wirkung auf ihn haben kann. Deine Gedanken gestalten deine Gefühle, und deine Gefühle wirken auf deine Körperzellen. Unternimm Dinge, die dir Freude bereiten, lies positive Texte, schau dir amüsante Filme an, erlerne Entspannungstechniken, behandle dich liebevoll und mache dir selbst in Gedanken immer wieder Liebeserklärungen.
- Einfach denken: Verwirf den Gedanken daran, dass du eine besonders komplexe Krankheit hast oder ein sehr schwieriger Fall bist. Das ist für deinen Heilungsprozess oder dein körperliches Ziel, das du erreichen willst, hinderlich. Du suggerierst deinem Körper mit derartigen Gedanken, dass du eine unerkannte Krankheit oder besonders schlechte körperliche Voraussetzungen hast und deshalb keine Medikation, mentale oder körperliche Maßnahme helfen wird. Besinne dich auf die Geduld und darauf, dass jede deiner Maßnahmen ihre Wirkung tut. Denn Gedanken sind Energien, und die solltest du dazu nutzen, um deinem Wunschzustand näherzukommen.
- Das Geschenk: Erkenne jetzt schon das Gute im Schlechten! Betrachte die Fähigkeit deines Körpers, die Wünsche deiner Seele nach außen zu tragen, nicht als Strafe, son-

dern als Geschenk. Schließlich ist es eine Art Frühwarnsystem, das dich unterstützt, wenn du vom Weg der Lebensfreude abkommst.
- Mentale Hilfe: Finde eine mentale Methode, die dir in besonders schwierigen Situationen, also wenn das Symptom oder die Verzweiflung besonders stark ist, Abhilfe verschafft. Zum Beispiel die bildliche Vorstellung eines Heilungselixiers, das deinen Körper wohltuend durchströmt, oder ein Intensitätsregler für deine Beschwerden, den du vor deinem inneren Auge ganz langsam runterdrehst.
- Fokus: Konzentriere dich nicht zu sehr auf dein Symptom, indem du dich beispielsweise via Dr. Google zig Stunden damit beschäftigst. Das führt meist nicht zu einer Lösung, sondern verstärkt die Beschwerden in der Regel bloß. Du lässt dem unerwünschten Zustand so deine Energie zukommen und hältst ihn dadurch fest. Konzentriere dich lieber auf alle schönen Dinge und Bereiche, die – unabhängig von deinen Beschwerden oder noch nicht erreichten körperlichen Zielen – existieren, und versetze dich dadurch in eine positive Stimmung.
- Vertrauen: Eigne dir eine Portion Urvertrauen an. Als ich mir mit sieben Jahren mein Bein brach, bekam ich für insgesamt neun Wochen einen Gips. Über diese lange Zeit hinweg zweifelte ich kein einziges Mal daran, dass mein Körper dazu in der Lage sei, sich selbst zu heilen. Als Erwachsene tun wir das aber sehr oft. Und da jeder Zweifel, den wir hegen, Gedankenkraft ist, wirkt sich dieser nachteilig auf unseren Körper aus. Erinnere dich in solchen Momenten an eine Krankheit, die dein Körper selbst ausgeheilt hat, und stärke so dein Vertrauen in seine Selbstheilungskräfte.

HONIGPERLEN TO GO
Dialog mit dem Körper
Um mit deinem Körper ins Gespräch zu kommen, ist es notwendig, dass du einen entspannten Zustand – ähnlich dem kurz vor dem Einschlafen und nach dem Erwachen – erreichst. Dadurch stellst du einen guten Draht zu deinem Unterbewusstsein her. Dort ist eine Unmenge an Wissen gespeichert, auf das du zum großen Teil bewusst nicht zugreifen kannst. Mit der Unterstützung deines Unterbewusstseins erhältst du Antworten auf offene Fragen zu deinem Symptom oder deiner Krankheit.

1. Zur Ruhe kommen und entspannen
Um in einen entspannten Zustand zu kommen, habe ich dir zwei einfache Techniken mitgebracht:
- Atemmeditation: Schließe deine Augen und atme tief ein und aus. Spüre dabei, wie sich deine Bauchdecke hebt und senkt. Um bewusste Gedanken zu verbannen, stellst du dir vor, wie du alle Sorgen und Belastungen des Alltags ausatmest, während du Energie und Freiheit einatmest. Wiederhole diesen Ablauf mindestens fünf Minuten lang.
- Körpervibration: Wenn du positiv auf Musik und Töne reagierst, ist diese Methode ideal für dich. Wähle zwei angenehme Töne und summe diese abwechselnd einige Minuten. Versuche, jeden Summton möglichst lange zu halten, bevor du zum anderen übergehst. Spüre währenddessen, wie dein Körper durch dein Tönen vibriert.

2. Mit deinem Körper in Dialog treten
Nun bist du startklar für den Körperdialog. Lass deine Augen geschlossen und stelle dir vor deinem inneren Auge vor, wie du mit einem Shuttle in deinen Körper reist. Lass dich von diesem Gefährt zu jener Stelle bringen, wo der Ursprung des

Symptoms oder der Krankheit liegt. Wenn du nicht weißt, wo diese Stelle ist, vertraue auf deine Intuition und folge dem inneren Bild, das sich dir als Erstes zeigt. Schau dich genau um, wenn du dort angekommen bist. Versuche nicht zu beurteilen und lass deinen Verstand, der möglicherweise sagt: „Was soll denn der Unsinn?", einfach links liegen. Nimm einfach nur wahr, was du siehst, fühlst oder vielleicht sogar riechst, und stelle dir folgende Fragen:

- Wie sieht die betreffende Körperstelle aus?
- Welche Gefühle entstehen, während ich hier bin?
- Woran erinnern mich meine Gefühle und Wahrnehmungen?
- Sind diese Erinnerungen für meine Erkrankung oder mein Symptom von Bedeutung? Steckt dahinter eine Botschaft?
- Wie ist es zu dem Zustand gekommen?
- Wie sähe die Körperstelle aus, wenn sie vollkommen gesund oder im Einklang wäre?
- Was kann ich tun, um die Genesung zu begünstigen?

3. Die Botschaft deines Körpers empfangen

Nachdem du langsam wieder in den bewussten Zustand zurückgekehrt bist, notierst du am besten sofort alle Antworten, an die du dich erinnern kannst. Stelle dir nun noch folgende Frage: Wenn das Symptom oder die Krankheit eine eindeutige Botschaft für mich hätte, wie würde diese lauten?

Vertraue deiner intuitiven Antwort und notiere sie. Vermutlich erhältst du bei der ersten Körperreise nicht gleich alle Botschaften, die du für den Heilungsweg brauchst. Deshalb empfiehlt es sich, diese Übung zwei- bis dreimal zu wiederholen. Hinweis: Bei dieser Übung macht es Sinn, dass du dich von jemandem unterstützen lässt. Gerade anfangs ist es schwierig, sich im meditativen Zustand an die obigen Fragen zu erinnern. Du kannst die Fragen auch auf mehrere Sitzungen verteilen.

IN DER SINNKRISE

„Ich habe jeden Grund, zufrieden zu sein, aber ich bin es nicht", gestand mir meine Freundin Franziska zum wiederholten Mal. Direkt nach ihrem Studium hatte sie es geschafft, einen Job in einem der renommiertesten Unternehmen Österreichs zu bekommen. Seither war sie im Spitzentempo die Karriereleiter hochgeklettert und wurde zuletzt zur Senior-Managerin in ihrem Bereich befördert. Ihre Arbeitszeiten waren im Gegensatz zu anderen Managerpositionen äußerst angenehm. Über ihr genaues Gehalt sprachen wir kaum, aber mir war durch so manchen Einwurf ihrerseits bewusst, dass sie ein Vielfaches von meinem Einkommen verdiente. Allerdings hatte sie ihre Lebensumstände – anders als die meisten Topverdiener – nicht ihrem Gehalt angepasst. Sie lebte weiterhin sehr bescheiden, da sie keine Erfüllung darin fand, ihr Geld für exquisite Unternehmungen oder Markenkleidung auszugeben.

„Am meisten Freude habe ich, wenn ich am Wochenende zu Hause bin, viel spazieren gehe und gute Gespräche mit mir vertrauten Menschen führe", sagte sie. Für ihr Glück also benötigte sie das viele Geld nicht. Als sie erstmals mit dem Gedanken spielte, ihren Beruf zu wechseln, bremste sie ihr Umfeld sofort aus. „So einen Job bekommst du nie wieder. Du hattest so viel Glück – das passiert dir kein zweites Mal. Wenn du kündigst, wirst du das dein Leben lang bereuen!"

Eines Tages stieß sie auf einen Universitätslehrgang zum Thema Sozialpsychologie und war sofort gefesselt. Es dauerte keine Stunde, und da wusste sie, dass sie diese Ausbildung absolvieren würde. Eine Zeit lang studierte sie nebenberuflich. Als die Doppelbelastung aber zu groß wurde, traf sie eine folgenschwere Entscheidung: Sie kündigte ihren Topjob und entschied sich für ihr Studium, während sie mit einem mäßig bezahlten Teilzeitberuf ihr Leben finanzierte.

Obwohl kaum jemand ihre Entscheidung nachvollziehen konnte, war sich Franziska sicher, das Richtige getan zu haben. Ihr war bewusst geworden, dass ihr in ihrem Beruf lange Zeit die Begeisterung und die Sinnerfüllung gefehlt hatten. Diese Tatsache raubte ihr Lebenskraft und versperrte ihr – trotz des „Schmerzensgeldes" in Form ihres hohen Gehalts – den Weg zum Glück. Kein Wunder, denn alle Tätigkeiten, die wir ohne Begeisterung ausführen, kosten Energie, während all jene, die einen tieferen Sinn haben und uns mitreißen, Energie geben. Dank dem neuen Studium wusste sie nun wieder, wie es sich anfühlte, etwas Sinnstiftendes zu tun. Begeisterung wirkt demnach wie ein Motor auf unsere Lebenskraft.

- Sie stiftet uns dazu an, mit Haut und Haaren bei einer Sache zu sein.
- Sie lässt uns die Zeit vergessen.
- Sie gibt uns das Gefühl, etwas Wertvolles zu tun.
- Sie manifestiert sich in Form eines gesunden Selbstwertes.
- Sie versorgt uns jeden Tag aufs Neue mit Motivation.
- Sie fördert unsere kreativen und innovativen Fähigkeiten.
- Sie treibt uns zu Höchstleistungen an.
- Sie zaubert uns ein Lächeln ins Gesicht und setzt Glücksgefühle frei.
- Sie schenkt uns Sinn.

Begeisterung wirkt wie ein Motor auf unsere Lebenskraft.

Melanie

Bevor ich gleich in den Honigperlen to go auf das Lebenselixier Begeisterung zurückkomme, switchen wir vorerst noch einmal zurück zum Start der Sinnkrise. Eine Sinnkrise gibt sich nicht immer sofort zu erkennen. Ähnlich wie bei Franziska dauert es oft eine Weile, bis wir sie entlarven können. Erste Anzeichen dafür sind trübselige Gedanken, Ideen- und Antriebslosigkeit, vermehrte Selbstzweifel, mangelnde Freude und Ratlosigkeit, was die Zukunftsperspektiven betrifft. Eine Sinnkrise stellt sich sehr oft im Leben dann ein, wenn die Begeisterung auf der Strecke geblieben ist oder man das Gefühl hat, keiner erfüllenden Tätigkeit nachzugehen. Das kann in unterschiedlichsten Lebensphasen passieren, etwa …

- wenn äußere Veränderungen dazu führen, dass man die Kontrolle über gewisse Dinge verliert. Durch die verminderte Selbstbestimmung sinkt auch oft der Selbstwert und damit einhergehend das Gefühl, gebraucht zu werden und wichtig zu sein.
- wenn in einem Lebensbereich die Zukunftsperspektive fehlt, zum Beispiel wenn man lange im selben Beruf tätig ist und es an Chancen zur Weiterentwicklung mangelt.
- wenn sich eine Lebensphase dem Ende zuneigt, zum Beispiel wenn die Kinder das Haus verlassen.
- wenn man ein Lebensziel erreicht hat, zum Beispiel wenn man die Karriereleiter hochgeklettert ist oder das Eigenheim abbezahlt hat.

Ist die Sinnkrise erst einmal ausgebrochen, drängen sich uns zermürbende Fragen auf, mit deren Beantwortung wir anfangs oft überfordert sind. Zum Beispiel: Welchen Sinn hat mein Leben? Warum bin ich hier? Wohin soll das führen? Warum fühle ich mich so leer?

Bevor man sich mit diesen Fragen auseinandersetzt, ist es wichtig zu verstehen, warum die Sinnkrise einen heimgesucht hat. Sie tritt nämlich meist dann auf, wenn sich die Prioritäten im Leben verschoben haben. Indem sich die äußeren Umstände oder aber wir selbst verändern, verlegen sich auch die Schwerpunkte. Dinge, die uns früher wichtig waren und mit Freude und Stolz erfüllt haben, sind plötzlich unbedeutend. Dementsprechend erscheinen unser Dasein und unsere Tätigkeit ihren Sinn verloren zu haben.

Zum Beispiel: Für Sybille war das gemeinsame Abendessen mit ihrem Mann und den beiden Kindern immer sehr wichtig. Sie überlegte bereits am Morgen, was sie abends kochen würde, und bereitete die Gerichte mit viel Liebe zu. Seit die Kinder flügge geworden sind, erscheint ihr das Kochen weniger sinnvoll und macht ihr kaum noch Freude.

Oder: Leon fand viele Jahre Erfüllung in seinem Beruf. Mit Engagement und viel Herzblut hatte er diverse Onlineprojekte seines Arbeitgebers in den letzten Jahren zum Erfolg geführt. Für seine Frau und die Zwillinge fehlte meist die Zeit. Aber Leon konnte nicht anders. Er ließ sich quasi von seiner eigenen Begeisterung mitreißen. Mittlerweile jedoch erscheint es ihm so, als würden sich die neuen Projekte wenig von den alten unterscheiden. Immer öfter fragt er sich, wohin ihn dieser Job bringen soll, und fühlt sich dabei leer.

Sowohl in Sybilles als auch in Leons Leben haben sich unbemerkt die Schwerpunkte verlagert. Veränderungen im Innen und Außen haben dazu geführt, dass sie bei ihren Tätigkeiten nicht mehr genügend Sinnerfüllung erfahren. Wer an diesem Punkt ankommt, für den ist relevant, dass er sich der Veränderung, die auch seine Werte und seinen Fokus maßgeblich beeinflusst, bewusst wird, um sein Leben dementsprechend zu adaptieren.

Wenn man beispielsweise im Beruf keine Erfüllung mehr findet, sollte man sich fragen: Was ist mir im Job wichtig?
- Erfolge und Anerkennung?
- Kommunikation und soziale Kontakte?
- Erfüllende Tätigkeiten und Projekte?
- Herausforderungen und die Konfrontation mit Neuem?
- Persönliche Möglichkeiten zur Weiterentwicklung?
- Die Entlohnung?

Stimmt unsere aktuelle Tätigkeit mit den Schwerpunkten nicht überein, so ist es an der Zeit für eine Veränderung. Nicht immer muss diese gleich mit radikalen Schritten wie einer Kündigung einhergehen. Auch eine berufliche Auszeit, ein Aufgabenwechsel, die Verlagerung des Fokus von beruflich auf privat oder umgekehrt, ein Herzensprojekt, eine Weiterbildung oder eine ehrenamtliche Tätigkeit kann eine sinnvolle Maßnahme sein. Wichtig ist jedoch, dass wir der Aufforderung der Sinnkrise nachkommen. Und diese lautet: Finde deine Begeisterung wieder! Erst dann kann sich das Geschenk, das uns diese Lebenskrise bringt, entfalten.

HONIGPERLEN TO GO
Finde deine Begeisterung
Um deine Begeisterung wieder oder aber völlig neu zu entdecken, habe ich dir einige Anregungen mitgebracht.

Entdecke das Feuer in dir
Beantworte die folgenden Fragen schriftlich und lass sie auf dich wirken. Womöglich dauert es ein paar Stunden oder Tage, bis sich eine konkrete Idee in dir auftut.
- Bei welcher Tätigkeit vergisst du die Zeit? Vielleicht sogar so sehr, dass du stundenlang nicht auf die Toilette gehst.

- Was hast du als Kind immer gern gemacht? Vor allem im Alter zwischen sieben und 15 Jahren?
- Welchen Beruf wolltest du im jungen Erwachsenenalter ausüben?
- Was wolltest du schon immer einmal ausprobieren? Lass dabei die Angst vor Risiko einfach mal außen vor.
- Was berührt dich? Denke an Momente, in denen Glückstränen über deine Wangen gekullert sind oder du eine Gänsehaut bekommen hast.
- Worüber könntest du den ganzen Tag reden oder nachdenken?
- Worüber würdest du ein Buch schreiben oder einen Film drehen?
- Wofür lohnt es sich zu kämpfen?

Lass dich von anderen anstecken

Solltest du keine zufriedenstellenden Antworten erhalten oder aber noch mehr Anregungen benötigen, halte nach Menschen Ausschau, die vor lauter Begeisterung lichterloh brennen. Das Feuer überträgt sich häufig dann, wenn wir uns mit Menschen beschäftigen, die unsere verborgenen Leidenschaften bereits leben. Außerdem können sie uns hilfreiche Tipps in Bezug auf die Suche geben. Hierzu ein paar Ideen.

- Triff dich mit jemandem, der sein Leben mit Begeisterung meistert. Formuliere vorab einige Fragen und erforsche, wie er seine Leidenschaft gefunden hat.
- Lies Biografien oder sieh dir einen Film über einen Menschen an, der dich begeistert.
- Tritt einem Verein oder einer Gruppe bei, bei der sich viele Menschen für eine gemeinsame Sache begeistern.
- Befrage deine Onlinefreunde in einem Post dazu, was sie im Leben begeistert.

Warum dein Leben süßer ist, als du denkst

Neulich hat mich eine Blog-Leserin nach dem größten Glücksmoment in meinem Leben gefragt. Blitzartig kamen mir unterschiedliche Situationen und Bilder in den Sinn. Ich erinnerte mich daran, wie ich mit Glückstränen in den Augen mein erstes eigenes Buch in Händen hielt. Oder an jenen Tag, an dem ich nach 16 Monaten Schmerztherapie das Stadtkrankenhaus verließ. Vor meinem inneren Auge sah ich einen Kurzfilm nach dem anderen. Aber ich konnte mich nicht entscheiden, welcher dieser Momente wahrhaftig der glücklichste war. Gerade als ich der Leserin antworten wollte, dass es sehr viele schöne Situationen in meinen Leben gab, rekonstruierte sich plötzlich ein inneres Bild der Stille.

Ich sah mich selbst, wie ich vor vielen Jahren zu Hause festsaß. Es waren die Tage zwischen Weihnachten und Neujahr. In diesem Jahr hatte es so stark geschneit, dass ich nicht mehr imstande war, mein Auto auszubuddeln. Zuerst ärgerte ich mich darüber. Aber nach ein paar Stunden hatte ich begriffen, dass die Wetterlage ein Geschenk an mich war. Ich glaube fest daran, dass das Leben mir etwas Zeit mit mir selbst bescheren wollte. Und so nutzte ich diese Zeit.

Ich ging jeden Morgen eine Runde im Tiefschnee spazieren und ließ meine Gedanken schweifen. Später genoss ich mein Frühstück. Zwischen Müsli und Tee schrieb ich Impulse nieder, die sich in mir auftaten. Ich hörte in mich hinein und fragte mich immer wieder nach meinen Wünschen und Sehnsüchten. Ich blickte aber auch auf alle Wünsche zurück, die sich bereits realisiert hatten, und wurde mir der vielen Dinge bewusst, für die ich dankbar war. Nachmittags widmete ich mich all den Geschichten, die tief in mir darauf warteten, wachgeküsst zu werden. Ich stellte mir vor, wie ich in unterschiedlichen Berufen, an verschiedenen Orten und mit vielfältigen Eigenschaften mein Leben bestritt. Manchmal schloss ich dabei die Augen und tauchte so tief in meine Vorstellung ein, dass sich meine Träume wie Realität anfühlten.

Als ich mich eines Abends, nachdem ich eine bunte Collage für meine Wünsche gestaltet hatte, wieder vor den Ofen setzte, überkam mich ein unglaubliches Gefühl. Ich umarmte mich intuitiv selbst, während mich pure Dankbarkeit überströmte. Dankbarkeit für mein Leben – dafür, ich selbst zu sein – genau in diesem Moment hier sein zu dürfen – fühlen, sehen, riechen, mich bewegen und einfach sein zu können. Meine Körpermitte erwärmte sich angenehm, während ich diesen Augenblick genoss wie bisher keinen anderen in meinem Leben. Ich musste lächeln, und eine Träne der Freude kullerte über meine Wange. „Was ist bloß los?", fragte mein Verstand, der für kurze Zeit wie weggetreten schien. „Ich bin bei mir und ich bin glücklich mit mir", antwortete ich lautlos und versuchte, diesen Moment für ein paar weitere Sekunden festzuhalten.

Damals konnte ich nicht erklären, wie es zu diesem unverhofften Glücksmoment gekommen war. Heute weiß ich, dass diese verschneiten Tage mir die Gelegenheit gegeben hatten, jede Menge Honigperlen zu entdecken. Anstatt mein Auto auszugraben, grub ich in mir selbst und stieß dabei auf einzigartige Schätze. Und das ganz ohne Krisen. Wenn wir uns Zeit nehmen, unserem Inneren zu lauschen, Gefühle endlich leben lassen, der Fantasie erlauben zu fließen, aufhören, uns von anderen begrenzen zu lassen, und in einen liebevollen Dialog mit uns selbst treten, fallen uns die Geschenke des Lebens wie von selbst zu. Dadurch erübrigt sich der Auftritt des Krisenmonsters, das uns den Weg nach innen aufzeigt, wenn wir ihn selbst nicht finden. Alles, was dir dein Leben versüßen kann, steckt bereits in dir. Und das ist jede Menge. Also lass dich überraschen!

ACHTSAMKEIT: VERLIEBE DICH IN DEIN LEBEN

„Ein Trendsetter bist du ja nicht gerade", sagte meine Freundin Marina und beäugte dabei kritisch mein Outfit, um mir gleichzeitig ein paar gut gemeinte Stylingtipps zu geben. „Ich habe halt meinen eigenen Stil", verteidigte ich mich. „Ja, den hast du, und zwar schon seit zehn Jahren denselben", folgte daraufhin die Retourkutsche. Aber diesmal fesselte mich ihr Satz. Denn Marina hatte recht: Was meine Kleidung betrifft, folge ich am liebsten meinen Gewohnheiten. Der Blick in meinen Schrank bestätigt diese Erkenntnis. Da gibt es zum einen meine Lieblingsklamotten und zum anderen Stücke, die weniger zu meinem gewohnten Stil passen und daher schon ewig nicht mehr vom Haken genommen wurden. Neulich aber geschah nun Folgendes:

Ich erblickte ein Kleid im Schrank, das ich schon viele Jahre nicht mehr getragen hatte. Die dunkelgrüne Farbe sprach mich plötzlich an. Als ich es hervorzog, bestätigte sich mein Eindruck. Es war ein wirklich hübsches Kleid. Der Stoff war weich und anschmiegsam, die Farbe kräftig und der Schnitt feminin. Wieso hatte ich es bloß so viele Jahre nicht getragen? Ich zog es über und kombinierte es mit einem gemusterten Schal. Als ich mich daraufhin im Spiegel betrachtete, kam es mir so vor, als würde ich ein neu erstandenes Lieblingsstück tragen. Seither ziehe ich das vergessene Kleid regelmäßig an. Der Frage, warum ich dieses Kleid so viele Jahre nicht getragen hatte, wollte ich dennoch auf den Grund gehen. Wesentliche Antworten darauf erhielt ich, als ich mich vor einiger Zeit zum Achtsamkeitstraining anmeldete.

Gleich in der ersten Stunde wurde mein Wissen zu diesem Thema aufgefrischt. Dadurch wurde mir klar, dass vieles, was ich tagtäglich tue, alles andere als achtsam ist. Das meiste betrachte ich als selbstverständlich. Zum Beispiel meine Beine, die mir täglich ermöglichen, aus dem Bett zu steigen, das Tageslicht, das mein Zimmer durchflutet, oder mein Atem, der frische Energie in meinen Körper strömen lässt. Als Mentaltrainerin bemühe ich mich natürlich darum, mir Dinge bewusst zu machen, aber dennoch entsteht auch bei mir im Alltag ein Filter. In etwa so, als würde man die Welt durch ein kleines Guckloch wahrnehmen und dadurch nur einen geringen Bruchteil sehen. Jeder Tag bringt uns Millionen an Eindrücken. Da wir diese nicht alle aufnehmen können, beschränken wir uns auf die Wahrnehmungen, die durch unseren bevorzugten Fokus geprägt sind. So lag das dunkelgrüne Kleid außerhalb meines Fokus, weswegen ich es einfach nicht bemerkte.

Legt man dieses Kleiderschrank-Beispiel auf das eigene Leben um, so bedeutet das, dass es Tausende Geschenke rund um uns herum gibt, die wir bisher übersehen haben. Mithilfe von Achtsamkeit kann man diese Geschenke auspacken. Man kann Dinge, Menschen und Gegebenheiten, die bereits seit Jahren oder Jahrzehnten Teil unseres Lebens sind, anders und neu wahrnehmen und so mehr Lebensfreude erfahren. Bevor ich gleich darauf zurückkomme, möchte ich noch einige weitere Vorteile von Achtsamkeit festhalten:

- Durch Achtsamkeit erlernen wir Akzeptanz und Gelassenheit. Dadurch fühlen wir uns freier.
- Achtsamkeit erweitert die Perspektive. Dadurch eröffnen sich für unbeantwortete Fragen oder langjährige Probleme neue Antworten und Lösungen.

- Achtsamkeit macht uns bewusst, welchen Fokus wir haben und welche Vorgänge dadurch in unserem Inneren ausgelöst werden wie beispielsweise Verhaltens- und Glaubensmuster.
- Wir beginnen, uns selbst neu zu entdecken, und verstehen, wie innere Vorgänge zustande kommen.
- Wir erkennen die Wirkung unserer eigenen Gedanken auf uns und unser Leben.
- Unerfüllte Bedürfnisse werden uns bewusst und können dadurch gestillt werden.

Achtsamkeitstraining hat also viele positive Effekte. Bestimmt fragst du dich nun, wie es dazu kommt. Das Ziel einer Achtsamkeitsübung ist es, urteilsfrei zu beobachten. Und zwar auch sich selbst. Wie eine Art unparteiischer Zuschauer betrachtet man alle Gefühle, Gedanken und Gegebenheiten, die einen bewegen, ganz genau, ohne sie zu beurteilen. Man lässt sie einfach sein und stellt den Drang, etwas verändern zu wollen, dabei zurück.

Um mir den Kern der Achtsamkeit bewusst zu machen, stelle ich mir vor, wie ich einen Kinofilm ansehe: Ich lehne mich dabei weit im Sessel zurück und beobachte, was geschieht. Da der Film bereits im Kino ist, kann ich ihn nicht ändern. Ich lasse ihn einfach ablaufen und nehme wahr. Dadurch entsteht Raum zwischen Gedanken, Gefühlen und den Gegebenheiten. Raum, in dem sich eine neue Perspektive auftun kann, die uns die Möglichkeit gibt, Dinge anders wahrzunehmen. Und so kann es dann geschehen, dass sich dein altes grünes Kleid, dein langjähriger Partner, dein eintöniger Job, die olle Hausarbeit, deine Unzufriedenheit mit deinen Haaren oder eine Schulfreundschaft plötzlich in etwas völlig Neues, Aufregendes und Wunderbares verwandelt.

Dass diese Theorie tatsächlich auch eine praktische Wirkung hat, bestätigte mir neulich meine Klientin Monika. Sie hatte über viele Monate hinweg Probleme in ihrer Partnerschaft. „Die Luft ist irgendwie raus – anstatt Liebe zu empfinden, fühle ich mich von meinem Mann genervt und angeödet", sagte sie. Leider fand sie vorerst keinen Weg, um die Situation zu verändern. Dann musste ihr Mann beruflich für längere Zeit ins Ausland. Insgesamt verbrachte er zwei Monate bei seinen Geschäftskunden in Korea. Als er zurückkam, empfing Monika ihn mit offenen Armen. Sie war richtig aufgeregt, als sie ihren Mann vom Flughafen abholte. So hatte sie ihn schon seit ihren Anfangsjahren nicht mehr betrachtet: aufmerksam, neugierig und achtsam! „Ich könnte schwören, da waren ein paar Schmetterlinge in meinem Bauch", erzählte sie mir und grinste dabei tatsächlich, als wäre sie frisch verknallt. Mit etwas Abstand, der ihren Blickwinkel und somit auch den eingefahrenen Filter beeinflusste, sah sie ihren Mann plötzlich mit neuen Augen. Ja, sie verliebte sich sogar noch mal!

Genau wie Monika kannst auch du aus alt neu, aus öde aufregend und aus genervt frisch verliebt machen. Achtsamkeit gibt dir die Möglichkeit, dich von Neuem in dein Leben zu verlieben. Um das zu erreichen, gibt es unterschiedliche Wege. Diese allerdings lassen sich nur dann beschreiben, wenn man die Kernintention der Achtsamkeit beherzigt, also die Beobachterrolle ohne den Drang zur Veränderung einnimmt. Genau das braucht anfangs ein wenig Übung. Diese kann man aber ideal in den Alltag integrieren. Zum Beispiel:

- Nimm dir für dein Mittag- oder Abendessen ausreichend Zeit. Entferne alles, was dich vom Essen ablenken kann, vom Tisch und konzentriere dich ausschließlich auf deine Mahlzeit. Nimm wahr, wie dein Essen riecht, wie es sich

Achtsamkeit ermöglicht es dir, all die Geschenke um dich herum, die du bisher übersehen hast, zu bemerken und dich von Neuem in dein Leben zu verlieben.

MELANIE

auf deiner Zunge anfühlt und welche Geschmacksrichtungen sich beim langsamen Kauen auftun.
- Unternimm einen achtsamen Spaziergang. Spüre dabei genau nach, wie sich deine Beine bewegen und deine Fußsohlen abrollen. Atme tief ein und fühle, wie die frische Luft in deine Lungen strömt. Bleibe zwischendurch stehen und beobachte voller Neugierde die Umgebung.
- Lehne dich fünf Minuten entspannt zurück und lass alle Gedanken, die emporsteigen, zu. Lass dich aber nicht von ihnen mitreißen. Beobachte einfach mal, was kommt – in etwa so, als würdest du einen Film anschauen, an dem du nicht beteiligt bist.
- Nimm ein heißes Bad oder eine Dusche. Spüre, wie das Wasser langsam deinen Körper erwärmt. Zuerst deine Beine, dann den Bauch, den Po, die Brust, den Rücken, die Arme, die Hände und den Hals. Fühle jedes Körperteil, das sich durch die Wärme des Wassers langsam erhitzt.
- Koche voller Liebe und Achtsamkeit eine Mahlzeit. Konzentriere dich bei jedem Schritt genau darauf, was du gerade tust. Auf das Schneiden der Karotten, auf das Umrühren oder auf das Anbraten. Beobachte, wie sich die Zutaten im Laufe der Verarbeitung verändern. Rieche, schmecke und fühle bei der Zubereitung alles, was du unternimmst.
- Mache eine Achtsamkeitsmeditation. Eine große Auswahl findest du auf verschiedenen Onlineplattformen.

Hat man Achtsamkeit einmal in seinen Alltag integriert, dauert es meist nicht lange, bis man auf Neuentdeckungen und Geschenke stößt. Wer allerdings nicht warten will, der hat die Möglichkeit, mit mentalen Techniken ein wenig nachzuhelfen.

HONIGPERLEN TO GO
Mehr Achtsamkeit im Alltag
Die beiden folgenden Übungen helfen dir dabei, mehr Achtsamkeit in dein Leben zu bringen. Du darfst dich auf eine wunderbare Entdeckungsreise gefasst machen.

Der externe Berater
Versetze dich in die Lage eines externen Beraters, der einen Blick auf dein Leben wirft. Zum Üben beginnst du am besten mit kleinen Bereichen wie dem Schminkköfferchen, dem Kleiderschrank oder dem Kühlschrankinhalt. Später kannst du die Übung mit maßgeblichen Bereichen, beispielsweise dem Job oder der Partnerschaft, fortsetzen.
Stelle dir vor, du wärst ein engagierter Berater. Deine Aufgabe ist es, dich selbst und die Gegebenheiten sehr genau zu beobachten. Keine Verbesserungsvorschläge und schon gar keine Kritik.
- Was fällt dir auf, wenn du dich selbst beim Schminken, beim Einräumen des Kühlschranks oder bei einem Abend mit deinem Partner beobachtest?
- Was nimmst du wahr, wenn du die Situationen und die Gegebenheiten neutral anschaust?

Versuche nicht zu beurteilen, sondern beobachte einfach nur. Du kannst dir dabei auch ein paar Notizen machen. Natürlich wird es dir nicht gelingen, einen ganzen Tag aus der Beobachterperspektive zu verbringen. Das wäre übermenschlich. Es genügt, wenn du immer wieder versuchst, von der Ich-Position auf die Beobachterposition zu gelangen.
Am Ende des Tages switchst du bewusst in die Beraterrolle und berichtest dir selbst davon, was du gesehen und wahrgenommen hast. Dadurch machst du nicht nur Neuentdeckun-

gen, sondern gewinnst auch hilfreiche Erkenntnisse, die dich dabei unterstützen können, das eine oder andere negative Muster zu durchbrechen.

Imaginäre Brille

Die imaginäre Brille der Liebe unterstützt uns dabei, unsere Mitmenschen achtsamer und liebevoller wahrzunehmen. Statt Ärger, Missgunst oder Wut empfinden wir Liebe, Interesse und Zuneigung. Und so funktioniert's:

- Wähle einen Tag aus, an dem du die Brille aufsetzt.
- Stelle dir morgens, noch bevor du das Bett verlässt, vor, wie du heute alles durch die Augen der Liebe siehst. Die imaginäre Brille unterstützt dich dabei, das Wunderbare und Liebenswerte in deinen Mitmenschen zu erfassen.
- Jeden Menschen, der dir an diesem Tag begegnet, beobachtest du ganz genau. Nimm wahr, wie er spricht, sich bewegt und gestikuliert.
- Frage dich: Was ist das Liebenswerte an ihr oder ihm? Was ist das Besondere oder das Schöne an ihr oder ihm? Wieso mag, schätze oder liebe ich diesen Menschen?
- Versuche, dir die Frage nach dem Guten auch bei jenen Menschen zu stellen, die dir weniger sympathisch sind. Der andere könnte deine Gedankenschwingungen spüren und dadurch sein Verhalten dir gegenüber verändern.
- Reflektiere am Abend, was du im Verlauf des Tages durch die imaginäre Brille wahrgenommen hast.
- Nimm dir außerdem abschließend fünf bis zehn Minuten Zeit und betrachte dich selbst mit den Augen der Liebe, während du dir obige Fragen stellst.

Je öfter du diese Übung wiederholst, desto mehr Entdeckungen, die Anlass für verliebte Gefühle geben, wirst du machen.

DANKBARKEIT: DIE QUELLE DER FÜLLE

Als ich mit meinem Partner das erste Mal über das für mich schon lange bedeutsame Thema Dankbarkeit sprach, rümpfte er leicht angewidert die Nase. Der Grund dafür war, dass er Dankbarsein mit Demut, Ehrfurcht und Dankesschuld verband. Im Laufe der Zeit bemerkte ich, dass er damit nicht allein war. Sehr viele Menschen verknüpfen Dankbarkeit mit Zwang. Diese Haltung lässt sich häufig auf die Kindheit, die Erziehung oder kulturelle Gewohnheiten zurückführen. Oft mussten wir als Kinder „danke" sagen, obwohl uns nicht danach war. Auch Dankgebete, die freiwillig ein wohltuendes Ritual sein können, mutieren zu peinigenden Erfahrungen, wenn wir dazu gezwungen werden. Wer aufgrund seiner Erfahrungen ein negatives Mindset zum Thema Dankbarkeit hat, der sollte schleunigst damit beginnen, dieses zu ändern. Denn eine dankbare Lebenshaltung hat nichts mit Zwang, Demut oder Religion zu tun. Sie ist vielmehr eine Quelle der Freude und des äußeren und inneren Reichtums.

Menschen, die mit ihrem Leben überaus zufrieden sind, wissen um die Macht der Dankbarkeit. Sie löst eine regelrechte Aufwärtsspirale aus. Motivation und Produktivität steigen, die Beziehungen verbessern sich und Erfolg und Fülle stellen sich ein. Letzteres ist ein grundlegender Aspekt von Dankbarkeit oder – anders gesagt – das beste Argument dafür. Denn dankbare Menschen richten ihren Fokus auf die Fülle, sprich: auf all jene Dinge, die in ihrem Leben gut laufen. Das betrifft sowohl persönliche Skills als auch Gegebenheiten und Besitz. Wer dankbar ist, sieht nicht neidisch auf den

Rosenstrauch des Nachbarn. Er erfreut sich lieber an dem Gänseblümchen vor seiner Haustür. Diese Haltung beschert ihm aber langfristig jede Menge Rosen, denn Energie folgt immer der Aufmerksamkeit. Und Gedanken sind nichts anderes als Energien, also elektromagnetische Schwingungen. Diese suchen sich Schwingungen ihresgleichen, und dadurch entstehen Reaktionen. Der Dankbare zieht so Fülle in Form von liebevollen Menschen, Erfolg, Wohlstand und Glück an.

Um das Prinzip besser zu verstehen, erzähle ich dir ein Beispiel: Marianne und Ulla erhalten beide eine traumhafte Wohnung, genauso, wie sie sich diese gewünscht haben. Marianne freut sich über alle Maßen. Sie jubelt, macht eine Einweihungsparty und flüstert morgens beim Aufwachen: „Das Leben ist schön!" Ulla ist mit ihren Gedanken bereits beim Übersiedlungsstress. Sie ärgert sich darüber, dass ein paar ihrer Freunde verhindert sind und ihr nicht beim Ein- und Auspacken helfen können. Grimmig sagt sie: „Ich hab echt nie Glück!"

Wen von den beiden würdest du, wärst du das Leben, zukünftig lieber beschenken? Vermutlich Marianne. Und deshalb zieht Marianne mit ihrem positiven Mindset immer mehr Fülle in ihr Leben, während der Mangel bei Ulla, sollte sie ihre Haltung nicht ändern, drastisch zunimmt.

Kurzum: Wer Dankbarkeit lebt,
wird innerlich und äußerlich reich.

Melanie

Die Wirkung von Dankbarkeit geht aber noch weiter. Der Psychologe Robert Emmons aus Kalifornien hat herausgefunden, dass sie unser Glücksniveau um 25 Prozent heben kann.

Das bedeutet, dass Dankbarkeit sogar bei starkem Stress und leichten Depressionen ein wirksames „Medikament" ist. Bei regelmäßigem Dankbarkeitstraining macht sich die Wirkung schon nach wenigen Tagen bemerkbar:

- Man wird optimistischer.
- Die Produktivität und Leistungsfähigkeit steigen.
- Die Entspannung wird gefördert, dadurch können sich Körpersymptome wie Kopfschmerzen und Muskelverspannungen bessern.
- Gefühle wie Angst, Neid, Wut und Ärger nehmen ab. Denn negative Emotionen können nur schwer zeitgleich mit dem positiven Gefühl der Dankbarkeit existieren.
- Mit Dankbarkeit trainiert man zugleich auch Achtsamkeit.
- Wir stellen weniger frustrierende Vergleiche an, die erwiesenermaßen unser Wohlbefinden negativ beeinflussen.
- Die persönliche Weiterentwicklung wird positiv beeinflusst.
- Die Lebensfreude nimmt deutlich zu.

Du siehst also, die Wirkung von Dankbarkeit ist sehr weitreichend. Was aber, wenn das Leben keinen Anlass bietet, um dankbar zu sein? Mit dieser Frage werde ich als bekennender Dankbarkeitsfan sehr häufig konfrontiert. Am liebsten erzähle ich dann, wann ich Dankbarkeitstraining bisher bevorzugt eingesetzt habe. Zum Beispiel, als ich mir vor einigen Jahren wegen einer Zurückweisung in der Liebe wochenlang die Augen ausheulte. Oder in der Zeit, in der mich mein Kopfschmerz so sehr dominierte, dass ich kaum in der Lage war, das Schlafzimmer zu verlassen. Außerdem in jenem Winter, in dem ein Misserfolg den nächsten jagte, mein Auto kaputtging und ich mir zu allem Überfluss noch den Fuß brach. Also in Momenten, in denen es scheinbar nicht wirklich Anlass zur Dankbarkeit gab. Genau in diesen Zeiten ist das Dankbarkeits-Mindset nämlich am wichtigsten. Und wenn man genau hinsieht, gibt es immer einen Grund, um dankbar zu sein.

Anfangs ist es nicht einfach, in schwierigen Situationen die Dinge zu finden, für die wir dankbar sein können. Mit dem Dankbarkeitstraining verhält es sich aber ähnlich wie mit dem Fitnesstraining. Je öfter wir trainieren, desto einfacher und effektiver werden unsere Bemühungen. Also starte am besten sofort, damit du die Fülle der Dankbarkeitsgeschenke schon bald in Empfang nehmen kannst.

HONIGPERLEN TO GO
Vier Übungen in Dankbarkeit
- Bedanke dich bei dir selbst: Wirf einen Blick auf dein Leben und auf alles, was du bereits erschaffen hast – von deiner Berufsausbildung über deine Wohnung bis hin zu deinen Freunden und deiner Familie. Schreibe alles auf, was du durch deine Fähigkeiten, dein Wissen und deinen Charakter bereits verwirklicht hast.
- Finde in den nächsten drei Wochen jeden Tag mindestens eine Sache, die du bisher für selbstverständlich gehalten hast, die dich aber bei achtsamer Betrachtung dankbar stimmt.
- Lege dir ein Dankbarkeitstagebuch an. Notiere einmal pro Woche alle Dankbarkeitserfahrungen.
- Überlege dir, für welche zehn Dinge, Menschen oder Gegebenheiten du am meisten dankbar bist. Suche dir zu jedem Anlass ein Bild, online oder in Zeitschriften. Bastele daraus deine persönliche Dankbarkeits-Collage. Diese kannst du auch als Hintergrundbild auf deinem Desktop am PC oder Smartphone verwenden. Sie erinnert dich täglich an die Fülle in deinem Leben.

BUNTE TRÄUME:
DIE GESCHICHTEN IN DIR

„Alles, was ihr hier seht, ist das Ergebnis eines Gedankenabenteuers", sagte mein Deutschlehrer, während wir Schüler fasziniert die Kulisse von Disneyland Paris bestaunten. Zuerst dachte ich nicht weiter über diesen Satz nach. Ich stürmte mit meinen Schulkollegen in den Rummelpark und stürzte mich ins Vergnügen. Abends vor dem Einschlafen kam mir der Satz meines Lehrers wieder in den Sinn. Was er wohl damit gemeint hatte? Obwohl ich damals noch kaum etwas über die Macht unserer Gedanken wusste, kam ich zu dem Entschluss, dass sein Satz ein Hinweis darauf war, dass Disneyland, lange bevor es gebaut wurde, eine Idee im Kopf eines Menschen war. Diese Erkenntnis prägt mich bis heute. Ich bin davon überzeugt, dass alles, was jemals auf dieser Welt erschaffen wurde, ein Produkt unserer Gedanken ist. Und damit meine ich nicht bloß unbewegliche Materie, sondern auch uns selbst, diverse Lebenssituationen und Abenteuer. Je mehr Freiheit wir unseren Gedanken geben, desto außergewöhnlicher und innovativer wird unsere Realität. Genau dafür brauchen wir Fantasie und müssen die Kunst des Freiträumens beherrschen.

Was ich mit dem „Freiträumen" meine? Zuerst geht es beim Träumen nicht darum, unsere Gedanken gleich Wirklichkeit werden zu lassen, sondern vielmehr darum, wieder richtig träumen zu lernen. Viele Menschen haben vergessen, wie man träumt. Strukturen, vorgegebene Jobprofile, Anleitungen für alles und jedes sowie Pauschallösungen bestärken die eingefahrenen Gedankenautobahnen und verwehren uns den Blick auf die vielfältigen Ideen, die in uns schlummern. Deshalb ist es notwendig, sich dieser Fähigkeit wieder bewusst zu werden und sie aktiv zu nutzen. Wir sollten also wieder öfter tagträumen! Tagträume sind Bilder und Filme, die wir selbstgesteuert vor unserem inneren Auge ablaufen lassen. Durch sie findet eine Bewusstseinserweiterung statt. Probleme, Gegebenheiten, Vorschriften und bisherige Muster werden dabei ausgeblendet. Dadurch kann unser Gehirn ohne Ablenkung auf Hochtouren arbeiten und kommt häufig zu außergewöhnlichen Ideen, neuen Wegen und originellen Lösungen. Außerdem fördert das Tagträumen die Entspannung. Wir befinden uns dabei in einem tranceartigen Zustand. Die erfolgreichsten und kreativsten Köpfe dieser Welt sind Tagträumer. Denn jedes Ziel, das erreicht werden möchte, braucht zuerst einen mitreißenden Traum, für den es sich lohnt, aktiv zu werden. Träume werden zu Zielen, indem wir uns bewusst dafür entscheiden. Wesentlich dabei ist, dass wir die richtigen Träume zu Zielen machen. „Richtig" bedeutet in diesem Fall, dass unser Ziel unserem Wesen, unseren Werten und unseren Herzenswünschen entsprechen muss. Wer solche Ziele in seinem Leben hat, das bestätigt die Psychologie, ist überdurchschnittlich glücklich.

Wenn wir Ziele im Leben haben, für die wir brennen, hat das folgende Effekte:

- Das Gefühl von Vorfreude begleitet uns und steigert kontinuierlich die Produktion von Glückshormonen.
- Ziele bringen uns ins Handeln. Anstatt wie der Durchschnittseuropäer drei bis vier Stunden täglich vor der Glotze zu hängen, bewegt man etwas. So wird das Gehirn gefördert und erhöht seine Leistung. Trägheit macht schlaff, Aktivität hingegen spendet Energie.

- Die Folge von Zielen sind Erfolgserlebnisse. Wir werden selbstbewusster und agieren dadurch selbstbestimmter und freier.
- Die Zufriedenheit mit sich selbst nimmt zu. Indem man sich anstrengt, bemüht und weiterentwickelt, steigt auch das Selbstwertgefühl.
- Ein gesundes Selbstwertgefühl wiederum fördert positive Beziehungen.
- Ziele versorgen uns mit Sinn. Sie helfen uns dabei, mit Elan, Engagement und Freude in den Tag zu starten.
- Selbstbestimmte, positive Veränderungen sind nur möglich, wenn wir uns entsprechende Ziele setzen.

Damit wir die richtigen Ziele finden, bei denen uns bereits der Weg dorthin mit Freude und Energie versorgt, müssen wir falsche Ziele von richtigen unterscheiden und die Kunst des Freiträumens wieder erlernen.

1. DIE RICHTIGEN ZIELE

Ob ein Ziel dein Leben tatsächlich bereichert und dich von innen heraus nachhaltig erfüllt, kannst du feststellen, indem du deine Augen schließt und an die Erreichung deines Zieles denkst. Spüre dabei achtsam in dich hinein. Verspürst du eine positive Emotion, die auch eine körperliche Reaktion wie ein Kribbeln, angenehme Wärme oder ein Lächeln erzeugt, so ist die Wahrscheinlichkeit, dass es sich um das richtige Ziel für dich handelt, sehr hoch. Handelt es sich hingegen um ein Ziel, das dir von anderen auferlegt wurde oder aber rein vom Verstand getrieben ist, regt sich körperlich kein oder ein eher unangenehmes Gefühl. Um deine emotionale und körperliche Reaktion besser einschätzen zu können, vergleichst du am besten mehrere Ziele oder Träume miteinander.

2. DIE KUNST DES FREITRÄUMENS

Um diesen Vergleich starten zu können, brauchst du Träume – und zwar jede Menge. Wie bereits erwähnt, geht es beim Freiträumen nicht darum, dass du jedes deiner inneren Bilder Realität werden lässt. Nein, es geht vielmehr darum, dass du wieder lernst zu spüren, wie viel kreatives Potenzial in dir schlummert und darauf wartet, von dir wachgeküsst zu werden. Außerdem geht es auch um die Freude an der Sache selbst. Tagträumen erweckt Glücksgefühle, sorgt für Entspannung und steigert das Urvertrauen in dich selbst.

HONIGPERLEN TO GO
Die vier Zonen des Freiträumens
Die vier Zonen des Freiträumens sind gerade dann eine wunderbare Unterstützung, wenn es schon eine Weile her ist, dass wir unserer Fantasie grenzenlose Freiheit gewährt haben. Dafür nimmst du dir am besten an mehreren Tagen oder aber an zwei bis drei Wochenenden ausreichend Zeit. Freiträumen braucht Platz, deshalb kannst du es nicht – wie viele andere Übungen – zwischen Tür und Angel machen. Je nach persönlichem Empfinden brauchst du pro Zone ein bis drei Stunden Zeit.

1. Zone: Erträume dir deinen Wunschjob
Starte mit deinem Job. Auch dann, wenn du aktuell mit deinem Job zufrieden oder aber gerade in Ausbildung oder Karenz bist. Es geht zuerst darum, dein Bewusstsein wieder zu erweitern. Da wir den Großteil unserer Tageswachzeit mit Arbeit – ob selbstständig, als Hausfrau und Mutter oder als Angestellte – verbringen, eignet sich dieser Bereich sehr gut.

Wähle nun drei bis fünf Berufe oder Tätigkeiten aus, die du erträumen möchtest. Du musst dich nicht sofort festlegen,

sondern kannst auch einfach mit einem Beruf beginnen und dir später weitere ausmalen. Es muss sich auch nicht zwingend um einen gängigen Beruf handeln, du kannst dir auch vorstellen, dass du den ganzen Tag damit verbringst, auf einer Insel Kokosnüsse zu sammeln und dich zu sonnen.
- Schließe deine Augen und konzentriere dich auf deine Atmung. Wenn du magst, kannst du im Hintergrund auch Musik laufen lassen. Alles, was deine Entspannung fördert, ist erlaubt.
- Träume dich nun in den ersten Beruf hinein. Erlebe Schritt für Schritt, wie dein Alltag in diesem Beruf aussieht.
- Kreiere deine innere Vorstellung so, wie sie dir am besten gefällt. Fernab von Vernunft und gelernten Regeln. Wenn du dir zum Beispiel vorstellst, du wärst Flugbegleiter, dann muss dieser Job nicht so aussehen, wie du ihn kennst. Deine Aufgabe könnte es sein, deine Passagiere auf das Reiseziel vorzubereiten. Du gibst ihnen Tipps, zeigst ihnen, wie man die besten Fotos macht, oder gründest mit ihnen eine Reise-Community. Lass deiner Fantasie freien Lauf.
- Verweile so lange in deinem Traum, wie es dir Freude bereitet.

2. Zone: Träume dir die perfekte Zeit herbei

Begib dich zuerst wieder in einen entspannten Zustand und denke daran: Deine Fantasie kennt keine Grenzen.
- Träume dir den perfekten Tag herbei. Wann stehst du auf? Wen triffst du? Was erlebst du? Was isst du? Welche positiven Überraschungen widerfahren dir?
- Träume dir den perfekten Urlaub herbei. Wohin geht die Reise? Wen nimmst du mit? Was unternimmst du im Urlaub? Welche Abenteuer erlebst du? Was beeindruckt oder begeistert dich?

- Träume dir die perfekte Woche oder das perfekte Jahr herbei. Dabei betrachtest du vor allem die Highlights. Welche wunderbaren Dinge widerfahren dir in diesem Zeitraum? Welche Erfolge hast du? Was erlebst du? Welche neuen spannenden Menschen lernst du kennen? Wie veränderst du dich?

3. Zone: Träume dich selbst neu

In dieser Zone geht es über den Beruf und das Erleben hinaus. Du kannst dich selbst neu erfinden. Dein Charakter, deine Fähigkeiten und deine Lebenseinstellung sind nicht in Stein gemeißelt. Nicht nur in unseren Träumen, sondern auch in der Realität können wir uns stetig ändern. Träume dich also selbst neu. Stelle dir zum Beispiel vor, du wärst dreimal so selbstbewusst, hättest die Fähigkeit, die Gedanken deiner Mitmenschen zu lesen oder wärst jemand, der Tausende von Menschen mit seinen Ideen, Ansätzen und Worten begeistert.

4. Zone: Freiträumen

Frei! Nein, hier kommt nichts mehr. Träume frei! Wenn du dieses Buch achtsam gelesen hast und die ersten drei Zonen des Freiträumens ausprobiert hast, so bist du jetzt dazu in der Lage, frei, ohne Vorgabe und grenzenlos zu träumen.

Fang deine Träume ein! Wenn wir das Freiträumen regelmäßig praktizieren, verankern sich nach einer Weile bestimmte Bilder und Szenen. Immer wieder kommen uns diese in den Sinn. Wir können sie nicht vergessen. Das ist ein Zeichen dafür, dass diese Ideen und Träume genug Sog haben, um von uns realisiert zu werden. An dieser Stelle kannst du deine Träume durch eine Entscheidung zu einem Ziel machen.

VERGISS MICH NICHT!

„Hilfe", schreit dieses Buch, während du es zuklappst und in den Wandschrank stellen willst. „Dazu bin ich nicht geboren – meine Lebensaufgabe ist eine andere", protestiert es weiter. „Ich möchte, dass du mich mitnimmst. Nicht in der Handtasche oder im Turnbeutel, sondern in Gedanken. Vielleicht gibt es ein Plätzchen auf deinem Nachtkästchen oder auf deinem Schreibtisch für mich. Sobald eine Krise ausbricht oder dir ein wiederkehrendes Problem zu schaffen macht, hast du mich dann griffbereit. Als Nachschlagewerk für alle Fälle sozusagen. Wenn du mir weiterhin ein bisschen Zeit schenkst, dann können wir gemeinsam viel bewirken. Ein Gedanke, eine Affirmation oder eine Übung täglich genügen, um aus einem Teil deiner entstandenen Träume Wirklichkeit werden zu lassen und regelmäßig Honigperlen zu produzieren.

Abschließend möchte ich dir danken und dir sagen:

- Ich bin davon überzeugt, dass du ein kostbares Geschenk für diese Welt bist.
- Ich glaube aus tiefstem Herzen, dass du alles, wirklich alles in dir trägst, um deine Träume wahr zu machen.
- Ich weiß, dass du es verdient hast, ein glückliches und erfülltes Leben zu führen und bedingungslos geliebt zu werden.
- Ich glaube an dich, an deine Fähigkeiten und an den wunderschönen Kern deines Wesens.

Von Herzen,
deine Melanie

DANK

Mit meinen Abschlussworten möchte ich mich bei den Heinzelmännchen, die mich hinter den Kulissen dieses Buches tatkräftig unterstützt haben, herzlich bedanken. „Hinter jeder erfolgreichen Autorin steht ein Mann, der den Geschirrspüler ausräumt." Diesen Satz hat mein Lebensgefährte Martin kreiert. Und ich muss ihm zustimmen, denn er hat, während ich an diesem Buch gearbeitet habe, nicht nur den Geschirrspüler gemanagt, sondern noch viele weitere Pflichten übernommen, um mich freizuspielen. @Martin: Ich danke dir von Herzen, dass du meine Träume unterstützt. Unbedingt erwähnen möchte ich auch meine Busenfreundin Gabi Müller. Sie hat vor gut drei Jahren, als ich noch keine Ahnung vom Bloggen und von diversen digitalen Systemen hatte, meine Webseite honigperlen.at aufgesetzt. Ein wundervolles Geschenk, das meine große Leidenschaft – das Schreiben – wieder wachgeküsst hat. Knapp vier Millionen Besuche bestätigen mir, dass honigperlen.at nicht nur für mich, sondern auch für Hunderttausende Leser ein Geschenk ist. @Gabi: Danke, dass es dich gibt! Besonders wichtig ist es mir auch, meine Kollegin und Freundin Gabriele Fink zu erwähnen. Sie hat dieses Buch probegelesen. Aber nicht nur das. Sie übernahm auch das erste Lektorat. Was ich ihr schon lange einmal sagen wollte: @Gabi: Du kannst alles, was du willst. Insbesondere Schreiben! Nicht zu vergessen sind auch zwei meiner Hauptdarstellerinnen in diesem Buch, nämlich meine langjährigen Freundinnen Ulrike und Ivette. Danke für die Geschichten, die wir gemeinsam erlebt haben und die ich in dieses Buch mit einfließen lassen durfte. Ebenso bedanken möchte ich mich bei Petra Bradatsch von GU, die mich mit viel Herzblut betreut hat, sowie bei meiner Lektorin Angelika Holdau für ihre großartige Arbeit. Und ein herzlicher Dank gilt natürlich auch dir, liebe/r Leser/in!

DIE AUTORIN

Melanie Pignitter ist diplomierte Mental- und Kommunikationstrainerin und war fünf Jahre als Business-Coach und Verkaufstrainerin tätig. 2015 landete sie in der größten Krise ihres Lebens und startete daraufhin einige Zeit später ihren Lebensfreude-Blog honigperlen.at. Hier teilt sie viele hilfreiche Tipps zur Verbesserung der Lebensqualität, die eine Quelle der Inspiration sind.

Lebensfreude-Blog: www.honigperlen.at

Selbstliebe-Lehrgang: https://www.honigperlen.at/details-zum-selbstliebe-lehrgang

Instagram: https://www.instagram.com/honigperlenmelanie

Facebook: https://www.facebook.com/www.honigperlen.at/

Pinterest: https://www.pinterest.at/melaniepignitter/

Der wunderbare Weg zur Selbstliebe und Selbstfürsorge

Melanie Pignitter

Als ich lernte, meinen Hintern zu lieben,
war mein Leben eine runde Sache

Preis: 16,95 €
ISBN: 978-3-99060-068-9
Erschienen im Goldegg Verlag

IMPRESSUM

© 2019 GRÄFE UND UNZER VERLAG GmbH, München
Alle Rechte vorbehalten. Nachdruck, auch auszugsweise, sowie die Verbreitung durch Film, Funk, Fernsehen und Internet, durch fotomechanische Wiedergabe, Tonträger und Datenverarbeitungssysteme jeglicher Art nur mit schriftlicher Genehmigung des Verlages.

Projektleitung: Petra Bradatsch
Lektorat: Angelika Holdau
Korrektorat: Susanne Schneider
Innen- und Umschlaggestaltung: independent Medien-Design, Horst Moser, München
Illustrationen: independent Medien-Design, Horst Moser, München
Herstellung: Susanne Fuhrmann
Satz: Uhl + Massopust, Aalen
Reproduktion: Longo AG, Bozen
Druck und Bindung: DZS Grafik, Slowenien

Syndication:
www.seasons.agency

1. Auflage 2019

ISBN 978-3-8338-7202-0

 www.facebook.com/gu.verlag

GRÄFE UND UNZER

Ein Unternehmen der
GANSKE VERLAGSGRUPPE

LIEBE LESERINNEN UND LESER,
wir wollen Ihnen mit diesem Buch Informationen und Anregungen geben, um Ihnen das Leben zu erleichtern oder Sie zu inspirieren, Neues auszuprobieren. Wir achten bei der Erstellung unserer Bücher auf Aktualität und stellen höchste Ansprüche an Inhalt und Gestaltung. Alle Anleitungen und Rezepte werden von unseren Autoren, jeweils Experten auf ihren Gebieten, gewissenhaft erstellt und von unseren Redakteuren/innen mit größter Sorgfalt ausgewählt und geprüft.
  Haben wir Ihre Erwartungen erfüllt? Sind Sie mit diesem Buch und seinen Inhalten zufrieden? Haben Sie weitere Fragen zu diesem Thema? Wir freuen uns auf Ihre Rückmeldung, auf Lob, Kritik und Anregungen, damit wir für Sie immer besser werden können. Und wir freuen uns, wenn Sie diesen Titel weiterempfehlen, in Ihrem Freundeskreis oder bei Ihrem online-Kauf.
  Sollten wir Ihre Erwartungen so gar nicht erfüllt haben, tauschen wir Ihnen Ihr Buch jederzeit gegen ein gleichwertiges zum gleichen oder ähnlichen Thema um.

KONTAKT
GRÄFE UND UNZER VERLAG
Leserservice
Postfach 86 03 13
81630 München
E-Mail: leserservice@graefe-und-unzer.de
Telefon: 00800 / 72 37 33 33*
Telefax: 00800 / 50 12 05 44*
Mo-Do: 9.00-17.00 Uhr
Fr: 9.00-16.00 Uhr (*gebührenfrei in D,A,CH)

Bildnachweis
Autorenfoto: (c) Fotografie Fetz, Ort alle anderen Fotos: Getty Images: Honigperlen; stocksy: S. 6, S. 50, S. 72, S. 96, S.166; plainpicture: S. 20